愿你眼中总有光芒，活成自己想要的模样

简若晴+ 菲如薇
作 品

北京联合出版公司
Beijing United Publishing Co.,Ltd.

倘若绝望哪天真的临幸于自身，
必须要做到无所畏惧地踏着满地刀刃，
在疼痛里走出一条绝后重生的路来。

我们经历的都是对的。这是她长久以来信奉的真理。
然而她总是一边走一边回头看，
过往的章节都要在如今的岁月里接受最终审判。

茶馆小坐，提琴轻吟。他要了杯苦茶，她喝自制的苏打。
她全然懂他，她早在那杯茶间，看出了人间苦色。

岁月让你承接的，和你执念的，都留在了一世逍遥里。
而劫数与情愫，此消彼长着被停在了不断前行的路上。

“有光而无眼睛，光亦等同黑暗；
有声而无耳朵，声亦寂静默然。”纪伯伦说。

即便是最贤明的人，
也说不出所有人的归宿。

双向的赋予，才会令情感饱满。
回味一份情感的重要性，使得相遇相知弥足珍贵。

自我与灵魂最好的相处模式，
是纯然至真的睦和。

许多风光名望的背后，是背离温暖潮湿的沃土，
固执扎根在贫瘠石缝里的坚守。

目的性强的人，一开始善于躲避，

他们害怕眼睛出卖了内心的渴望。

每个人都有一段颓唐难熬的日子，
好了之后，就不必对任何人说起。

最可怕的事情莫过于置身于人群中，却要孤独地活着。

睡前，云雾苍茫，热泪盈眶，一思骛八级。
醒来，暮色式微，天际泛光，两念已俱清。

即便如此，相爱，却一定要始终。
那是一个人千山万水地赶来，
赴你此生最后的誓约。

水一旦流深，就不会发出声音；
人一旦情笃，就不会轻视淡薄。

记忆是相会的一种形式。
忘记是自由的一种形式。
那段时期的混淆记忆，
不知是她的相会还是解脱。

爱是多么珍贵，稍纵即逝，
若隐若现又不易察觉，
需要敏感地自省和接收。

时间来去无踪，
生灭由不得谁来掌控，
唯有随心才能让人觉得解脱。

人总会选择在静安尘世中笃定而行，
然而若总是不知所行，反而郁郁寡欢。
若能裁剪那一知半解的岁月，
或许此后，也将得以安生。

倾听内心的细微改变，
知道流逝的每一刻，
都是下一瞬间的崭新出发。

自序

一个人住的第N年。

平素里我常这样慨叹，而又想保持一点神秘，这时候，N字带来前所未有的意义。

有过N次，曾想成为一个写作者。

最初一次是在成年之前，去父亲的战友家做客，我拜倒在一个巨大的书柜前，从橱窗里陈列得满满的书中看到生命中的无限可能。

年少时，习惯将美妙的段落摘抄下来，一字一句地反复轻声阅读。习与性成，热衷文字灵动的表现，带有质感的东西一向让人产生渴望。

会买下很多喜欢的本子做笔记，用心体会著作者的用意，感知到不同种的人生。阅读带来的收获，触及生活的方方面面。量力而为，试图贴近作者所见识的生活，受其影响被轻松带入悲喜、愤慨、执着、热望等等情感，并将此奉为圭臬，约束着个人的日常生活。

而今，当写作融入生活，成为理想，也成为了一种可持续的方式。基于往日的积累，记录日常点滴，审慎挑选，在个人的见识所能理解的范畴内，表达、整合内心感受，给予见地与智慧，关于路途、热爱、执迷与专注。记忆交织，是零散片断的集合，抽丝剥茧，剔除附赘悬疣，对文字保持敬畏之心，呈现心之所向以及一腔热忱。如同珠串，一颗颗将贵重串联，留存于昂首阔步间。完全个人化的表达，摈弃矫饰与虚浮，属性的界定由意识定夺。诉说尽数，得到优雅气质的展现，一切归于清淡自持的模样。

有过N次，曾敬畏过岁月。

每隔一阵子，我们便走入一个尴尬的年纪。那种感觉仿佛置身于一个看不见光的区域，底色是黑白的，周遭的一切都虚浮着，你甚至感到前路已失去应有的意义。

我相信你也曾有过上述情景，你不得不慨叹，畏惧起苛责的岁月来。我曾有过这样一段时光，独自身居北京，感受几年过去后又重头来过，时间路过的痕迹从面庞上碾过，直至成为一个面无表情的行者。

不久之后，你才终于觉知：岁月让你承接的，和你执念的，都留在了一世逍遥里。而劫数和情愫，此消彼长着被停在了不断前行的路上。每个人都有一段颓唐难熬的日子，好了之后，就不必对任何人说起。那一瞬间，你觉得你从未有过过去。

你只记得较为深刻的，第一次牵手，亲吻，相爱；与母亲促膝谈心；悉心照料可以伴你左右的植被或动物，以及更多的一个人路过的时光。但凡能够印证青春的，都开始清晰、深刻。

那一瞬间，时光正好，你未老去。

有过N次，曾对梦想存疑。

拥有梦想，永远是这世间最难能可贵的事情。尽管岁月将它抹了一层灰，有人会以此不耻，有人会随之渐失，而对于相谈甚欢的友人来说，无论年纪、背景、当下，每每提及梦想，想必都会油然起敬。

这样一本书，由两个作者完成。我们相识于2012年，我从未想过遇见一个有着相仿见地的人，后来我们成为知己。我们彼此相熟，相同的好恶在写作时产生作用。因此，契机成熟，态度意识达成共识；频率吻合，默契得以确立。

在实现梦想的过程中，我们曾对它产生质疑。我们曾为一个字或一段话而严肃辩论，我们曾为繁琐流程而倍感灰心，我们甚至想过放弃决定要走的这条路。只是最终，我们和解，为无间的友谊，为完美要求和尽心尽力，为梦想达成共识那一刹那的来之不易。

这是一本关于青春的书，不猎奇，不乖张。关于个中自我，关于成长。关于已经消失的，或者正在经历的，以及更为遥远的以后。

写干净的字，做善良的人。它成为我们微小且珍贵的纪念，献给我二十年来走过的岁月。

请你一定要持之以恒，尽管你难以闻名一世。

请你一定要赤诚回望，直至待与青春再见时。

感谢身边交好的人和亲爱的读者们对这本书的期待与支持。

出于一颗郑重的心。

愿你有所得。

简若晴

2015年7月7日　晴

目录

我的视线开了花，一小朵、一小朵，挂在树上。只等一声春雷，情感泛滥，覆盖你居住的城。那是唯一，我为你流浪的日子。成长那么招摇，夭折其中绝无两可。少量人战战兢兢，俯瞰、嘲弄，也试图坚守。世间相对流动的一切，都是永恒的神经末梢。那么如果情感也能为你冬眠，多好。它流淌过血液，化为琥珀，直至永恒。我也可以不思不想，静静等待，下一个春天。

039 游戏人间

有些生涩干枯的事物，例如制陶、刺绣、写正儿八经落款的信，在昔日，那么轻易地被注入温暖和热泪，及至深爱，形成惯性的游戏。那日雾霭氤氲，站在小城高处，光景在脑海存活。任时间无偿地降解浮夸，可会落得一味分明？乐此不疲，直至岁月流逝。收藏，写作，静赏都是人间美不胜收的游戏。

085 万皆寂籁

下午茶，看一隅独舞的情景剧。琴瑟相和，万籁皆寂，开始有人陆续哀恸。我潜在不明显的位置，一个人执念其他。那样的时光带给我，独自欣赏的乐趣。时间越来越多地敲打着善良。它来时，我在心中高歌、鸣唱、吟哦。它走时，我又恢复原始的清欢与寂寞。

125 花无常期

事态畸形发展，苍莽而无常。愁绪钻了空子，生活喜忧参半。脚步虽然漏了半拍，但时日却刚刚好。考究一件事物出现的频率，于忘我中雕刻绵绵赤诚。阑珊将近，抛开琐事，为自己戴上花冠。自由换来渴望的地方，欢欣小大之间。我们就这样，结下了弥深的渊源。

159 布列瑟农

此生里，我最一厢情愿的事情，就是怀念童年。驯服、乖戾、贪图宠溺。后来失去了笃定，耗光热忱与勇气。偶尔以局外人的姿态碰触，一言一语，仍是不自觉地乱了阵脚。像是怀念布列瑟农的时光啊，再见了，天真无邪。就在今天告别，从此进入桎梏。

心灵之间的交付，其实并无过多色彩。他们以旁观者的名义陆续而至，拙劣靠近，却始终做不成你的爱人。路不长久，且听风吟。回归波澜不惊，悼念、缅怀，感恩陪同。但我知道，有一天，你终是同别人谈笑风生，却再没说起我的故事。

等待惊蛰

琥珀项链

午夜，实木旋梯绕了一个圈，一只猫蹲在壁炉旁静谧休憩。一只蓝眼，一只褐眸。薄弱微妙的气流早已冷却，凉得让人倏然一惊。猝然腾起的炽火，映出蓝眼中泛冷的幽光，如成群结队的跳蚤，投入赤色如霞的焰。

一切始于热烈，却又归于平静。

他总是不屑于遵循日记本上的轨迹。仿佛那些三三两两如江秋之事，并不能使人新鲜。有些事物太过泛滥，就让人失了初时静赏无他的兴致。饮一杯半糖蓝山，纯色衬衫搭配同色的条纹领带；订一束饱蘸露水的月白茉莉，却不知赠谁。

人类是恍惚的动物，常常叨念许多久远生疏的碎片。有时为一盆清傲的水仙修剪，有时梦里乘船夜行飞越海面。利爪凭空鏖战，如在上演零乱的哑剧，拖延分分秒秒。

该是多么倔强的品性？倘若任由本能恣睢，便会放肆得如艳丽多姿、顶刺昂首的玫瑰。若任由其空前葳蕤，不带一丝震慑，也不夹多余收敛，最后定会腐朽而泯灭成尖利刺指的齿，深啮便不会松开。

该是多么矜贵又自如的姿态？他喜欢坐在日本禅院中，特别是秋日红枫正浓的时节。半扇木窗印着星星点点的叶。午后日光些微投人，指腹就算触碰冰肌玉骨的白瓷，也不会生出寒意。人就是如此，总臆想各式华丽又孤独的舞台，情愿画上斑驳腻人的颜色，也不肯舍出青黛山色的留白。

该是多么骄傲又悲戚的人？他常骑着脚踏车去咖啡屋，车篮里每每放着清香饱满的茉莉。从家里到咖啡屋不过十分钟，他每次缓慢又雀跃地奔赴。篮子里的茉莉也迎着风一同颤抖，与他一样，都是捕风者。

他固守往日教条的念想来生活，好似自己已经没于汪洋，忘却有无。他曾认为每个人的心底都藏有一栋树屋。后来，他便觉得好笑，若是每人都有，那么他怎么不曾发现？

巧手裁衣，到头来才发觉并非所愿。其实，他只是觉得心里空旷得能装下之前捕过的所有的风。只不过风任意穿梭他的身体，让他犹如新采的莲藕，使得这副躯壳，都能鼓风奏乐。也许，汩汩流淌的时光与景象，并非是如他所愿的人生。他像个裁缝，常常挥动剪刀，在布料间游走，任它像时光一般挥霍，任它如牙尖嘴利的猫，唯一不同却是，它比猫厉害狡猾。剪刀撕咬后没有血痕印子，就连丝毫痕迹也都全无。当这一切凭空消失，了无踪影，让人怀疑他的作为只不过是午夜呓语。

他总是在面对一件即将水落石出的事情时，彻夜难眠。准备推翻长久以来的往事，用以迎接崭新的自己，是一种真正体会到自我的寂寞。看了几个沉重的电影，他感受到来自阳台的风和恸哭后脸颊的炽热。是有多久没能再相见，爱恨颠倒，本末倒置，心如此空无。

记不清是在哪日想起树屋的事。他一直浑噩却又保持清醒。意识摇摆得如同深海绿藻，身子却坚定地立在那儿。他骑着脚踏车去咖啡屋，这一次篮子里没有茉莉，早已过了茉莉的花季。思来想去，他转向了镇子上唯一的花房。

花房有位姑娘，成天蜷在颜色不一的花丛里，闲时，就抬起头，瞧一眼屋子外的大街。她眉眼清秀，眸子似沾满了露水一般剔透，甚少言语。见到他时，姑娘却红透酒窝，抢先轻声道："茉莉没有了。"他沉默，伸出手抚摸那些团簇娇艳的花儿。

谁也不曾预料过今后的半点是非。倘若是轻言巧语，编一个圆满的谎，兴许可以瞒天过海，偏生他又不是那般的人。

去咖啡屋时他没有骑脚踏车，衬衫领子上多出一只棕黄琥珀，里面深居一朵傲然清雅的茉莉。他终是相信了每个人心里都有一栋树屋，用于收藏自己的心事，就像花房姑娘从玉颈上取下琥珀项链赠给他时，难言的眸子。

非玉石的内敛，非黄金的富贵，也非钻石的气派。所有琥珀都是树屋里深藏着的陈年心事。

一枚琥珀里住着一个男人的故事，他也终于有了属于他自己的一栋树屋。

赋予

这座城市，长年下着滂沱大雨。初来乍到时，我被夏天的狂风骤雨淋得真切，却意外地邂逅了一段爱情。

不经意的相识生出的感情，总比妥当的爱要多些浪漫。而年轻的女子，在陌生的地方被人施与温暖时，她那颗被雨水冰透的心竟渐渐温暖了。

那天的他，和我同撑一把黑色的雨伞。从那天起，我便不再惧怕来到这个城市。

打消对一座城和一个人的敌意，竟是如此奇妙的因缘。

平凡邂逅并钟情相恋的两个人，总会成为众人赞不绝口的一对，却很少人知道其中有怎样的一段故事。

假如一个人曾经和自己一样执拗，觉得路子既定且无须改变，他的执迷只能证明，他还年轻，纯真又不够聪明。一段新开始的关系里要清楚主被动。

下着大雨的晚上，他突然来找我。假如说，一个人原本具备战斗时的防备，心脏有堡垒，那么，它就在那天被攻破，无法自卫。

他给我带来一盏老旧的台灯，黑色斗笠状的灯罩占了总体积的三分之二，灯杆可以转动相合，灯座上有一个旋转按钮。这样的灯罩，把灯泡散发的白光变得昏黄而离奇。我们相互倚靠，说着不着边际的话。有时会轻哼上几句调子，再继续新的话题。也许，彼此间渗透了解并不是一件难事，言语和肢体动作会在某个情境下变得异常丰富。

后来那些他不在的日子，我一直在听邓丽君唱的《何日君再来》，有时会在阳台小坐，会有意无意地望向窗外。邀朋友来喝茶，会告诉她们那是他带给我的，总会刻意节省，好比美好的事物不忍余烬一样。

“今宵离别后，何日君再来。”每一位心有所属的女子，也都曾有翘首以待的模样。最好的最美的姿态，就是饱含殷切和落寞的姿态，因有着期望值而变成一种难以解释的摇摆。

在那盏台灯下写字看书，旋转灯座的按钮会有不同面积的影子投射在墙壁上。明与暗，日继夜，已成为一种静默的习惯。桌子上放着空的高脚杯，我忽然想到很久前曾与你相对畅饮，一瞬间情绪决堤，泪落如珠。

那首歌里还会温婉地唱：“好花不常开，好景不常在。”

那是我们最激烈的一次争吵。地面上布满碎片，之后，只剩下我声嘶力竭的哭泣，而他则是沉默的。这样的沉默令我暴怒，白皙的脖颈处青筋突显。后来，战栗的我，看他的眼神，越来越小声的抽噎，直至整个空间充满一场似乎值得溯源的战争的硝烟。

的确，这是一场无硝烟的战争，从两个人准备磨合生活的细节时，便已开始。

他的生活习性，大概在一个月内被我摸清。女人本该学会如何在生活里细腻体会对方的习性，然后衡量好坏。只不过在这场两个人的持久战里，因为惯性，他的沉默成了消弭所有战争的最佳方式。争吵总会以耗尽时日的状态结束。

沮丧的时候，是否能够分开，各自生活，是我考虑已久的事情。有时候恐惧感上涌，每每想到离开再遇的概率，是件比分开之前还要恐惧的事。日子久了，也就有了内心的故意纵容。

这样的纵容是迁就和宽容的表现。对对方要求的渐少，或许可以让这段情感少生是非。我想，有时候选择豁达让步是一件聪明的事。可以确定，看一个男人除了沉默而无法生出其他缺点的时候，收起爱人之间的嫉妒，是最明智的举动。是的，爱人之间奇妙地产生嫉妒感。当他的光环在我的周身闪耀，慢慢接受这样的包裹，再透过它，从细节中看出他的劳累不易，那是他风光背后越过无数险境的展现。我无法不再动容，爱人之间何必计较得失；对方的好，能够波及至此，已是一件令人身心愉悦的事情。

从梦中醒来，窗外的施工队还在进行持久的机械作业。想到又是个美满的周末，再满足依偎着睡下。会暗自偷笑，像个羞赧的少女一样回味争吵时理智全无的自己，是长夜削弱了恼怒还是内心原本早就迫不及待地原谅了呢。

原来，这也是爱情里互相体谅信任的赋予。

双向的赋予，才会令情感饱满。回味一份情感的重要性，使得相遇相知弥足珍贵。

于是，他酿就我的心间印象。有时，我看到的是一个气质卓然的男人，淹没在人群中，发梢低垂，但丝毫不影响他发光发热；有时，我看到的仅是背影，挺拔之余，却有一股落寞单薄的孩子气，我知道

那是他所背负的沉重担子带来的映照；再有时，昏黄的灯光下，他向你伸出一只手，眼神里有化不开的浓稠，他让你倚靠他的肩膀，或把头轻轻垂在你的胸前，那是历经满城风雨疲倦归来后的深深信赖。

这样的男子，时光赋予他沧桑的魅力，我赋予他深爱的意义。

干枝梅

这个牌子的衣服，近两年我一直在穿着，是国内设计师的独立品牌。品牌有着先锋设计，独特风格塑造自我标识。以城市、人文、建筑、音乐等文化层面的思想为设计灵感，每一季的主题拿捏得有分寸，掌握得恰好不落俗套。不量产，定位准确，姿态骄傲，拒绝盲从、跟风。

面料选择不拘泥特定的几种类别，主要体现自然随性以及穿着的舒适度，从新的角度使用面料，继而款式的设计也站在了打破经典传统的理念上，是跳脱，是激发，是追求。在细微的变化中，简约为基调，以设计元素辅佐，呈现考究的品质。不强调整体的夺目以及过于张扬的个性表达，选择适当的隐藏，说明真正的自信是来自内心。

基于上乘品质的口碑蔓延，知名度也自是建立在潮流的最前沿。品牌受到更多的人追捧，仿冒品也自然而然在网络的店铺上推陈出新。态度牵强，懂得退而求其次。流行如同疾病传播快速，前仆后继，事态还来不及控制，整个世界就已是一个模样了。茫茫人世中，隐没于人潮的大众，面面俱到的根本就是对自我的体察少有客观的审视，导致缺少识别的能力。在这以色示人的时代，快速的生活方式致使每个人的生活表象如出一辙，大部分的人，缺少自我，感知不到内里的精神产生的作用，便不会通过独立思考而拥有从容不迫。

挑选月牙白的翻毛牛皮短靴，鞋头鞋跟有做旧处理。第一次选择在初冬穿靴子，是它的设计令我的瞳孔放大，看到它便喜欢了，想着它该属于我才好。如同随身配搭了一整个秋季的丹宁布背包，记得在试背时，我站在试衣镜前，导购从我的身后忙不迭跑过来说："实在是适合你，好像专门为你设计的一样……"言语中自重，我客气点头，微笑着回应他的好意。知道这会是自己喜欢的，因为我正好穿着的长款针织衫，极为适合背包的长度，还有纽扣隐藏式的设计，完整地凸显领口的圆润，恰不抢背带的眼。轻声回应他："好，就是它了。"

搭配有主张，每一次选购商品，也会了然于心，知道适合自己的有哪些。到脚踝的短靴，选择用墨绿色低裆工装裤搭配，布料柔软有垂坠质感，裤脚外翻的白色绒边与鞋筒相得益彰。深红色的长款棉麻衬衫，后襟添加褶皱和层叠设计，在保持修身的版式同时，柔和男性的刚硬线条，最大限度地展现以舒适合体为中心的设计理念。内搭或外穿，状态收放自如。

节庆假日是商业街最为火爆繁忙的时候。现时社会与世界接轨，多元化的发展，导致在生活当中的每个月里，都会相应出现某一个"节日"。商家常常借此时机，用尽其极，打折促销，以获得更多的盈利。虚荣正以泛滥成灾的态势形成，接近一种规模盛大的繁华，影响着这座城市。

这家店是会员制，从无折扣期，选购衣服时可以不用争抢试衣间，不慌不忙，时间是有的。亲身参与的任何事情，能够与性格吻合，又保持与学识素养的匹配，知道这会是自己的，相对独立，又互为内里制约。仿佛量体裁衣一般，会为自己增色不少。场合既定氛围，游刃坦然不退却。朋友说：“看你试了那么多衣服，最后买的，还是最先看上的那一件。”

第一眼相中的，自有识别它的道理。权衡利弊，心里有着掂量，定会认真对待。当真是在乎的，就理应全情投入。处理一段感情也是如此，用心打理，坦诚相待。如同温和日光下晾晒轻柔手洗的衣物，需要耐心，待到清风拂面嗅到衣物散发的淡淡香气时，便可得知劳心费神也不枉费。

走到地铁口与朋友道别。不同的脸，行色匆忙。醉酒的男子在街上呕吐。沿街高声叫卖的商贩，迎来送往。路边长椅上的女子唉声叹气，长发遮盖她的面庞。背着书包赶路的学生，戴着耳机哼着歌。并肩牵手的情人，步履成双……一切自然行为有着自我主张，各行其是。城市生活的面貌，给予各自的体谅，无碍内心关照。活下去，这简单又粗暴的理由，在纷繁复杂的群落中成为每个人处世的唯一准则。凡事因果，暗有相应。生活是选择，目标若是准确，也大可忽略任何一个时代的潮汐变更。

“你的着装打扮不要太疏离大众才好。这样你的机会应该就会多一些。你得知道，生活要向通常凡俗靠拢，你也是大众当中的某一个……”这是朋友常对我说的话，此刻陪同我购置衣物后，他再一次强调说：“反正我驾驭不了你的风格。”

我笑着与他道别，却在地铁口附近的花店停下来。我被摆在门外的干枝梅所吸引，而后进去挑选一大束。紫色的，粉红色的，店员将它们扎成一大捆，被我抱在怀里带回了家。

不知名的花。干枝梅，枝条上的花骨朵，像嶙峋的手臂长满尖锐的刺，一个个的在孤独中挣扎着向往美好。得不到太多人的喜爱，但也持有最本真的姿态，逐步前进于丰盛。花无长期，但能见到光明盛大，我想着也该是一次完美了。

名望

认识那位女士是机缘巧合。她比他年长近两轮，见谁都是一脸盈盈笑意。恰逢年末，他在一处偏僻、封闭的镇子上安居。他迁居甫定，她便敲门而至。或许是因为人总是饱含贪欲，叙旧似的亲和中似带罅隙。

人，其实是远离哺乳动物的单细胞生物，肉眼难辨分毫。

“刚出炉的黑森林蛋糕，希望你喜欢。”

她如此好意地惊扰，似乎要将活在深海的他揪出水面；用近乎生猛的柔情，重塑他如蚌壳一般幽闭的生活方式，不带一丝犹豫。确切地说，她撬开了他外壳的所有缝隙。

他曾出海航行，所有梦想的旅行无一不武断又天真，以致他同行的伙伴屡有质疑。那些琐碎的声音，迸发的疯狂，最后却如软绵绵的白云那般，神奇地飘过。知道这些过往，人们才明白，为何在他闷头思索时，没有任何情绪。

人与人之间存在一种复杂关系。任你聪明绝顶，也只得小心匍匐、避免触动。一颗种子，久了也会霉变。在人与人口耳相传时，许多好的坏的，如寄生虫般漂浮生厌的言语，正悄然萌生变数。干瘪又枯萎的网状关系，凭借微妙的阳光雨露，甚至残羹冷炙，也会滋长。

有些生物，就是喜欢在逼仄的砖瓦之中，妄为地妖娆生长。这样，大抵可以让人心生敬畏。你若望之深沉，它的枝叶就疯长得厉害，就像这镇上无人问津的柚子。

镇子上的柚子个小味酸，滞销腐烂乃是常事。与她相识后，他就常去将那些不惹人怜爱的柚子抱走，剥去青绿臃肿的外皮，余下一颗小小的头颅；去核后，将果肉塞进玻璃瓶；再在其中撒落几颗晶莹的冰糖。之后，便是密封静置。他饶有兴致地下了一番功夫。余下，唯有等待。

她再次登门时，剪了一枝白梅赠他。花信如风，花色与柚树的花别无二致。他接下后，转身取回一瓶醇厚的酿柚子赠她。并无他意，这只是人与人交往中必要的等价交换。若是失了这种协调，以后就甚难立足。

到底也是知晓是非，宁愿做离群索居的蚂蚁，也不愿冒险，化成立满毛刺的青虫。一旦这种习性抢占身心，就很难自我剥离。

没有甜味的小镇柚子，与他相差无几。分明衣袍是华丽的，却又染透了尘埃。任这勇猛谄笑，总难抽离。这敷衍的趣味不足以让人急躁，它生存的目的就是：拾人所失、怡人所悲。

拨云见日是它迟归的由头。贪欢不能长久。根源难寻，那就非得凿出一汪活水。

那之后，小镇上的柚子再也不被摒弃。它虽以平凡的姿态久存于小镇上，却在这之后备受褒扬。它虽苦得难以入口，却清香不减，为茶为酒，惹人疼惜。

许多风光名望的背后，是背离温暖潮湿的沃土，固执扎根在贫瘠石缝里的坚守。

睦和

池北城南梦，一梦一年华。她是典型的南方姑娘。

在暑气最烈的时候，她窝在轰隆的火车里抵达北方。第一眼见到她的人都会以为，她是道突然而至的风景。素蓝的棉布长裙，远山深潭般的眉眼，有着一股明净之韵；但这星眸所望之处，却并不美好。

至少不如想象中美好，这北方的干燥焦灼。

大多数人的心中都含着一股层次分明、恰到好处的理智。它潺潺

而过，并不狂躁，甚至在与你心意相反的同时，都不急于龃龉。它与许多植物本身相似，随其而生，顺其而亡，并不支吾，自显清华。

她在南方养惯了栀子。花如白玉沾染翠绿，星星点点的花蕊如同七分熟的蛋黄，清雅微醺的香气极易醉人。自从来到北方，她就再难栽种一株如玉般的栀子。就像初时应许难得的事物，在自我催眠中翩翩起舞，突然被中断了长此以往的幻想。

人习惯蜗居在硬壳之中，凭借黏稠的意念兜兜转转，哪怕沦为沙漠绝境里的海市蜃楼，在赤沙之后绿洲之前，也一定要肆意妄为。

她固执地持续着她的爱好。绵绵而生？如鸡肋般的意志，未见得有多重要。猫有九命，于她是何？自由换来渴望的地方，欢欣小大之间。既然放下对事物的傲慢偏见，那就干脆继续吧。

到底是太过贪念，那株栀子上的朵朵白云，如同所有旖旎柔软、温和氤氲的美好，都只停留在恰到好处的枝节，没再继续伸延。她如此内省，为着融化磐石般坚硬的心，虽秘而不宣，却伶俐地让人一目了然。

她如左顾右盼的猫，虽然外表柔顺安闲，却也有极尖利的牙。在为那些绿枝遮阴挡雨、修剪打理时，她眉目虔诚，好似盖世英雄。盈盈一水间，得以圆满。

她一时竟成了它的影子。又或，它是她的影子。在腐朽与新芽之间。两者互换灵魂，不惊扰却又彼此依托。

换成那田间稻草人也好。只在清明谷雨落种之时，吓唬胆小如鼠的雀鸟，也不见得引来麻烦。在外人看来，稻草人本是没有影子的。

就像这本该生于南方的栀子。

然而许多固执从一开始，就失了缘由。她没有丝毫愤怒悲戚。或许是她深知影子互换，心血相通，若是滋生怨怼情绪，也会传染栀子。

人只有立在他处，才能感知当时所想。对峙的时光并非混沌。只是未走到尽头，才最易让人觉得虚无。你常常梦想的事物，或许也是他人所渴念的，不同的是，你在意你自己，他人却从不这般在意你。

即使握着明朗清晰的谜底。也并非会太过欣喜。因许多事物，意料之外，才更让人惊奇。所以，即便明知会用尽所有的火柴，也甘愿一试；由此，获得一些沉浮到末的欢喜。仿佛被她养活的栀子。

任何萌发意念的影子，都不会孤独地活着。要么成羞赧文静的蛹，要么成优雅孤傲的猫。无论哪一种，沉稳柔和足矣。云淡风轻、安命知乐，就能安眠入梦。

那株费尽心神的栀子终是开花了。乳白的花瓣紧紧叠合，暮光中姿态清丽，楚楚动人。最终想来，似是懂了。潮湿的泥与轻薄的尘，似无数座城市上空的白云和蓝天，似一望无际的梦和梦的影子。

池北城南，自我与灵魂最好的相处模式，应是纯然至真的睦和。

静谧承欢

夜雨清凉，显得夜色太精美。雨下得很好，听猫咪睡着。别人家的房子灭着灯，而我面前电脑亮着光。唱歌给自己听。姿态优雅，可以在空房间中抬高双手旋转。窗外有骑车人路过，听他的车铃儿响叮当。想问他“这么晚，怎么还不回家”，却好像听他回我话：“那你又是在干吗？”

是的，心怀感激。等了这么久，身份都要丢失，可我还硬要希望会有善良存留心间。听了一首曲子。悲伤的，借此感伤。听谁意见，与谁道歉。心无遗憾，为何还要说抱歉。不需要别人的一句话就给自己定了性，该何去何从？与寂寞对峙，观望骄傲的自恃，才有资格说明无法企及的内心深处，哪里才是真正的归途。

期许可以享有的未来，以渴慕的姿态来打造，指日可待，计日程功，期间总会出现这样的阶段。一种接近自闭的状态，是属于糟糕的常态，需要被自己承认并将全力渡过去。意志消沉，与外界失去联系。隐匿时期，如同定期的体内清理，要为自己留下私密的空间，清扫过往残留的破败。倾听内心的细微改变，知道流逝的每一刻，都是下一瞬间的崭新出发；是值得期待的，如同大病初愈，宛如新生一般。

见识不到美好，自然也就有说不出话来的时候，那么枯燥便是语塞的罪魁祸首。亦步亦趋，残破的人生无法在消耗的青春中得到宽慰。当内心感受占据主导，才知晓只有自己能够拯救自己。时代浮沉，每个人的生活方式，习惯在心安理得中错失，持久流弊、敬谢不敏，成为自己开脱退却的首要条件。在不知所终前重新认识自己，以便获得可参照的立足之处。

下雨天，在夜色中走上天桥，赶往回家的路。寂寞声响，是滴落的雨点重重敲击雨伞的声音以及人群散场后的虚弱霓虹灯的喘息。夜晚的时间总是觉得充裕，可以重复着琐碎杂务。浏览手机朋友圈的内容，别人的一天各自有着动向。旅游留念，有碧海蓝天的山水风景；有生活的美满，是一家三口的其乐融融；有不近人情的焦灼考量，是左是右，还是重新来过；有工作的升迁，是前途无限量的喜悦。诸如此类的知冷知热，乐于与他人分享，同时获得寥寥赞语的满足。将生活分类，人们在日新月异的活动改变中，暗自渴求着美好际遇，不过都是在向快乐俯首称臣，这样才会显得一天的时间不太浪费。

定期去超市购买日用品，常会有推销产品的导购前来打招呼，我却只以微笑回应她们的热情。因为喜好的定夺，自己有着一贯的选择，便不会轻易推翻旧时习惯。在选购猫粮猫砂时，我却想着是否该要换一换其他的品牌，踌躇犹豫，因为无法断定新的就会比原先的好。对一只猫的照顾，无法有直接感受，它的吃食是好是坏，都是在行为异常之后才有的察觉。所以这样有别于人的照顾，要有防患未然的准备。实属浪费时间的小事，每一天都在发生着，那些被消耗的时间和青春，与生活在何时何地，都没有太大关系。自以为能够厌弃，可仍旧逃脱不掉这样的无畏轮回。

我想起他临走前的微笑，这是与我的了断。他的打扮仍是与我初相识的样子，看不出即将与我离别后有怎样的不适与难挨。我却双腿顿时绵软，身体无力，头晕耳鸣，全然不知他的离去。门敞开着，楼道里有生命的回声。好听的，热闹的。幸福的人，开始进行生活。方式目的，各归所向。瘫坐门口，风开始热情并咆哮地朝我打来。一切无助，是脸上被风吹落的泪。意识到自己将与爱过的人决断，却还没有做好这样的准备。我只好大声回应一句，但愿你的眼睛没有瞎。从而拥抱自己。关门。黑暗覆盖。

总被外界的声音吵醒。不安稳的睡眠，不知时刻，醒来再睡去。在黑暗的房间走动，会喝大杯清水，吃简单食物。想起他离开时的笑，我知道自己只是在等待了。等待重新出发的时刻。

等待是漫长的煎熬。与恐惧较量，内心深处，悔恨与自责纠缠。用冷水洗澡，在深秋时节。瑟瑟发抖，怎么都擦不去发丝上冷却的结晶。热情休止，仅有等待，等待。

抚摩自己，发觉身体里好似多了许多处的病灶，交感神经停止工作。麻木，无感，已是主要。在黑暗中吸烟，也许会是白天，但窗帘阻挡光的照耀，一片恐惧就是心里的晦涩景象。细数着离开他的日子。一天一天，分分秒秒。用力记得，直至睡去。

口腔溃疡，咳嗽，脑袋震荡到痛。饮冷水，吃大量抗生素、消炎药品。看着镜子里的自己，惨不忍睹。电视里却播放着以情感为主题的访谈类节目，立刻换台，多样性的娱乐节目却到处呈现一派祥和。天色变化，不眠的响动，看到窗外的老树，干枯失去力度。为它感受悲伤之后，用浴巾包裹潮湿皮肤。重归黑暗。

城市喧嚣，时常在想自己错过了什么。在痛苦中依旧保持沉默，能够打破不堪的冗长，从而发现即时的微小的美，就是对自身生活的理解，有喜有悲不过尔尔。我知道，即使是有过这样一段颓唐难熬的日子，好了之后，就不必对任何人说起。

独自

我会定期来这里剪头发，这家店靠近高校，常有学生模样的顾客三五成群地结伴来此，相互嘲笑或是比较着弄出同一款发型来，而打扮入时的青年男女才是光顾这里的主力军。他们有着自我暗示，且心意明了不会徒劳无果。

经常要独自一人坐在待客的茶厅等待相熟的师傅，是在二楼。狭窄的旋转楼梯偶尔会有顾客打个照面，先是彼此打量而后转移视线各自看着挂在墙壁上的招贴画和明星画像。

摄影：杨千瑞

玻璃窗擦得明亮，圆形的有色茶几上摆放着时尚杂志作为发型参考。一杯热水，待客之道。会有几个客人同时在这里等候。谁与谁都不作过多寒暄，只听师傅走过来说：“近来可好？”

近来可好？他会像朋友一样地关切问候，而我也只是微微一笑点头回应。我从不与难以接受的人打交道，有了这种心理暗示更使自己很难与之相熟或是结交成为朋友。心里有着明确的意识，知道自己坚决不能与哪类人为伍，可这样的问候也确实令我感到温暖。

剪发师傅知道我的喜好，知道我的要求，他的动作娴熟准确，我只是安稳地坐着，任由他升高或是降低座椅。我们的对话，也不会有过分的甜腻奉承与不良恭维。若不是这个职业有碍于眼前，他委实会成我的朋友之一。对于自身有着标准，会是每个人的生存之道。对他人有着要求，也变相地可以考究到自己对外界的衡量准则。职业、谈吐、情思、品性，种种的自身素养都是两个陌生人彼此间确立关系前的条件因素，不论建立的是何种情谊。我从不认同以这种方式建立的朋友关系：基于金钱利益才有的进一步往来，对此我一直弃若敝屣。

我会找固定的一个师傅，因不喜多费口舌，不想相同的话再对他人重复，而他总对我说："你要不要试着换个发型……"时间久了，我也渐渐愿与他分享生活中的所见所闻或是平日里的兴趣与观点。在每一次离开时，也都是会心地讲出"我们再会"。只是最近一次来剪头发，他却突然离职，我虽是怔怔地傻了眼，可也在转眼间就感受到，人是有趣但却没有预知的。与谁相遇，之后的简短离开，便是无法躲闪的事实效应。你记得他，他却不见得就会记得你。

不会再有下次见，我也不可回避地接受了下来。好比在这条街上用餐，这家可以吃到卤肉饭的小店是最好的选择。独自吃饭，见旁人的欢欣，觉着人多才好满足。最好还是等量关系，男女情分便在此时才是有话可讲的。需要勇气，知道孤独是要被承认的一种状态，可见幸福的人都有相似的脸，而不幸的人则各有各的不易。我只好快快戴上耳机，打开音乐以免尴尬，等待饭菜上桌。

他说："你可知，在这广阔世间，我们每天行走在路上，与陌生人擦肩。我们不交谈，无法违背意愿来与不相衬的人往来，又是常常吃惊于与自身生活处世不同的人，甚是细微，也觉得是种孽障。津津乐道别人的苦痛，亦是畅快，并无惭愧可言……"

他也是这间理发店的顾客，经常独自前来，与我有过几次照面。我想着他该是我喜欢的人，沉默不多话，有着忧郁不羁的相貌，眼睛要比发型动人得多。我们在吃饭的时候碰头，相互看着眼熟就坐到了一起。结识原本就是这样简单，不必在意有无下回，在此刻，也权当缓解一个人吃饭的寂寞。

生活是繁重细节的累积。可我一直欠缺这平常感动，在扶梯上看到婴儿在母亲怀里哭闹，情人在角落里吵架。通道墙壁上的广告，依旧凶猛，夺人眼目。拥挤人潮，有多少故事发生在平淡无奇中。脚步拖沓，各行其是，没有一个准则去要求任何一个人，哪些是该做的，哪些是万万不能做的。独善其身的人，只是对自身产生作用，想要左右他人想法，那是扯淡的话。脸色怆然，即便有过凄楚酸涩，谁人不是又继续活在日光照耀下。

其实难得的爱情本就如此，没有真实可言。买卖双方，交易谈拢，自然板上钉钉；黑灯瞎火，眼光暧昧，当然真情流露。交涉的自然流程，定要在某个冲动瞬间，强权者冲着对方身体打上记号，要向他说明，你是我的了……这是在创造生活的伤口，没有办法改变。一味地接受，就无异于对爱情缴械投降，而接下来的也不过就是对死亡的不断等待。

女人的瘦是资本，学会化妆，常以名牌加持左右。身量纤纤，可以招徕男人的眼光，却不过分强调本性。有的人也许会在家里虐待猫咪，然而到了街上，就可端着咖啡，悠然走路。再来上几句诗词歌赋，便以为可以装得一时圣人。心里无疑充满希望却又不知从何下手，怎样锁定目标，找不到肯定的对象。因为满大街都是端着咖啡走路的圣人。

这就是现实。谁也不会爱上谁的精神，否则世界上就不会有好色之徒。当然，这个速食社会应运而生这么多外貌协会的人。有些人，自凭姣好的相貌在感情世界里兴风作浪。以为得到上天赐予的恩宠，走到哪里都能如鱼得水。他们借此有了金钱、有了地位，可身份始终得不到确认。你长得好，有人就会比你长得更好。到底有多好？始终没个头。所以，才会有人拼了命地想要去终身美丽。甚至以健康当成筹码来做等价交换，也甘之如饴、毫不吝惜。

回家路上。末班地铁，他坐在我身边，彼此还都不想说再见。我们此时就好像失散多年的儿时伙伴，心里有熟悉的言语可以互诉衷肠。离别时，我先起身。我在心里讲着再见，可再没勇气对他说出一句应时应景的话来做了结。

风起。掀开衣角，有寒冷味道。走过街灯，茕茕孑立的身影应允孤单肆意的时长。推开家门，开灯照亮现实。我才有了体会，深感最可怕的事情莫过于置身于人群中，却要孤独地活着。遇见他的一时美妙，恰巧是在那时拯救了我的一片安详。

寄梦相望

与她不常见面，可我们的梦想却极为靠近。从学生时代起便是亲密的朋友。不同阶段，相伴着走过彼此的青春年少，不曾在对方的生命中消失。手指敲击键盘，同样是靠文字传情达意、有着些许天真意念的人。赋予一个个能够在指尖上舞蹈的生命，旋转，跳脱，期待成为我们的一部分，趁着自己还能够的时候。

她已结婚并有了孩子。视点、角度或是思想、行为，趋近成熟完整。伴随年纪的增长，不同经历给予的体会，也与以往有着改变，懂得自我完善。婚姻，使她能够接近生活的内核。相夫教子，回归情感的本真。接受旺盛欲念的破灭，在平静中洞晓和获取一个新的自己。生育或许会让一个女人变得世俗琐碎，围绕家庭孩子在灶台前打转。但她仍然具备芳香花草的质感，一期一会，各定其时。性格即命运，态度又决定了生活的去向。混乱嘈杂，她总有空间容得下。

彼此的轻声告慰，一餐饭的时间，光线识相地换了位置。在咖啡厅小聚，坐下来闲谈有时有晌。她穿着依旧，搭配还是喜欢的“日系森女”风格。结伴礼佛，驱车前往。由她开车，娴熟的技术令我羡慕。佛寺远离市中心，路程较远，于是我们在车内继续之前的谈话。收费路口过了几个，六环路车辆已经渐少。视野开阔，高架桥下是一片旷野。她在言谈中自重，清欢，淡足。仿佛适应了生活带来的种种挑战，张弛有度。

她说：“我最近看了一部电影——《入殓师》。”

一部提名奥斯卡最佳外语片的日本电影。朋友屡次向她推荐，她却一直没有看。是她不够有勇气来观看一部直面死亡的电影。仿佛是要等待某个时刻，某个可以令内心喧闹与浮躁沉静的时刻来临。

非常简单的电影，但不是她想象的模样。没有阴森恐怖的画面，反而是充满温情亦不乏小幽默的明媚。似乎是一缕温柔的阳光照耀在死亡之上，让人觉得每个人的终点并不是只有瑟瑟发抖的冰冷。使人印象深刻，留有时时琢磨的思量。关于人生，关于温暖，关于爱。

电影中会出现很多个如同纪录片式的处理手法，表现入殓师为死者进行入殓仪式的情景。一幕幕画面，真实还原了每个人的终局，是信仰、文明的殊途同归。无论拥有怎样经历的逝者，他们的人生，会在离去的这一刻停止。身边的人陪伴在侧，痛哭、争吵或是冷漠，他们都静成一幅画，成了一切世俗情感的绝缘体。入殓师目光温和，举止轻柔，他的屏息凝神和逝者的宁静融合在一起，有序，郑重，对待尸体仿佛呵护熟睡的婴儿一般，这最后给予的温柔是家人对逝者留存于世的缅怀和不舍的寄托。步骤庄重、神圣，充满爱意，一场仿佛能够媲美婚礼的仪式，与生持平，似乎慰藉了死亡的味道。

主人公小林选择成为职业入殓师，起初不被身边的人理解，这是出于人们对尸体的恐惧。但当他的妻子与朋友目睹他为死者入殓之后，都被这神圣的仪式所折服。这庄严宁静的一刻，是入殓师将生者对逝者的爱与留念丝丝入扣地表达。

在这样一部讲述生死的影片中，尊重生死轮回，生死便失掉了特殊的界定。当小林初次入殓回来，正是他目睹了死亡的残酷后，才会将他与妻子之间共存的爱恋激发到极致。生之美好与苍凉，来自生命的一切活的行为。肉体的温热，皮肤的气味……却终要变得冰冷，甚至长满蛆虫散发恶臭。他抱住妻子疯狂地亲吻，感知生命的美好，爱的本真，用以抵抗内心当中持有的对死亡的恐惧。

影片的高潮部分是小林亲自为父亲入殓。自小他便不肯原谅将他与母亲抛弃的父亲，直到为父亲入殓时，在父亲僵硬的手中，他发现了代表着父子之爱的小石头。继而使他矛盾翻搅的内心终于得到释怀。知道父亲是一直在爱着他的，是带着对他的爱离开人世的。小林把这块象征着爱的小石头激动地、颤抖地碰触到妻子隆起的小腹上，

把父爱传递到下一代。生命的新旧更替，是自然法则，可生生不息的唯一能够延续的，只有爱。

个人的见地，持有本性所昭示的观点。心怀温暖，各行其是，在世间体会难得的生命历程，缓慢流动如同汇聚成汪洋的一条江河分支。爱是多么珍贵，稍纵即逝，若隐若现又不易察觉，需要敏感地自省和接收。日光之下，并无新事。个人行为会被载入历史长河，若是贯穿事件的始末，坚持善意而为，便能在芳华消逝中确保岁月常新。

性月恒明，得大自在。

游客不多，或许不是周末。偏远的山区景点，在群山的怀抱中成为历史遗迹，受到保护。接待处的售票员神情冷漠，麻木地递过票的同时不忘叮嘱一句“不能随意燃香”。天气和暖，在浓密的树影间常有觅食的松鼠与野猫。山道蜿蜒，石阶上有落叶，踩上去发出干燥破裂的细微声响。每走一步，山下的滚滚红尘便渐渐远离自己一步。古老的寺庙，供奉信仰。在微妙的光线照射中，感受来自久远时代的能量传递。

正殿气势恢宏，让人肃然起敬。诵经的声音平静悠扬，不绝如缕。我们一同叩拜眼前一尊尊的佛像。风吹进殿堂，回声很响亮，像轮回转世般的畅快。听见她说：“真的能知道一切吗，看着凡尘俗世，他们应该笑还是哭呢？”

殊胜情缘

“爱尔兰咖啡，适合失恋者来一杯买醉。”

这是百陌的口头禅，它使我的耳朵磨出了茧。

我无法想象一个身居西欧的女子有着怎样执着的念头。在极少数出国留学的朋友里，百陌是唯一一个没有回国发展的人。

京，她的恋人，在她迎接毕业洗礼的那一天赶到爱尔兰，亲自奉上博士帽，为她加冕。

在这之前，他们有三年没有相见。

百陌初到异国的时候，他们时常煲电话粥，几十分钟或三两个小时。距离较远的情感，会因为时空带来无限的不安全感，也因彼此清楚这一事实而倍加珍视。

他们最好的誓言，就是定居在爱尔兰，那个她无比钟爱的城市。

可事实上，他只在那里停留了三天。那天阳光照进窗子的时候，白色的桌角躺着一封信，昭示着不辞而别的真情。

百陌的国际长途电话打到我这里，她没有哭，就像料到了结局一样。她仿佛一个敲打木鱼的僧人，木讷地诉说，掷地有声，有条不紊。她说：“你知道吗？他说过在爱尔兰的教堂娶我过门……你知道吗？我特意买好的熏鲑鱼和约克热布丁还在烤箱里。”

我在北方这座夕阳恣肆晕染的城市，心脏疼痛，泪水默流。爱情里谁能一直成为被善待的宠儿？

京回来后没有和我们联系，听闻其他朋友说，出差，升职，应酬。他把一切才华呈上，也把男人的尊严抛却。我心中暗喜，告诉百陌，或许京的努力是在酝酿一个惊喜。

可就在第二天，他退出了我们共有的交集圈子，京离开了人世，天降的残酷消息。

口口相传时，没有任何人会轻信这一事实。而宁愿相信，他像一个孩子在顽皮游戏，是一个少年的恶作剧。

百陌彻底变成了一个木偶。确切地说，她是昼的精灵，夜的橡皮人。她在当地开了一家咖啡店，白天偶尔会亲自招徕客人，到了夜晚，她会换上一身行装，坐在窗前独望皓月。他们的爱情足足八年，她回来过一次，拜访了京的父母，他们并不是电话里想象的那样精神，皱纹爬满额头，似一夜老去。若不是亲眼看见他们抱头痛哭的模样，我便不会相信这世上有爱和原谅。

在百陌看来，是年轻的誓言给予了爱人无形的压力；在京的父母看来，是屈指可数的沟通给予了亲儿无形的孤立。他们之间没有一句责怪和推诿，对于京身体的异样，同样没有一丝察觉，以致接到噩耗时眼泪夺眶而出，却一句话都说不出来。

老顾客会不定期地来到店里。她的店有一个很简单的名字，叫“Without”，以黑咖啡最为出色。这样的店虽不缺乏情侣的到来，但以单身或上层人士居多。百陌说：“那里盛传的‘酒保和空姐’的爱情故事真实可循，只是反映到她身上就是极其残忍的。因为有些人可以等来，而有些人却再也等不来了。”“Without”的咖啡，每一杯都印着一串中国汉字——思念此生无缘人。

黑色的绸缎立领连身裙配质地坚硬的夏季皮靴，使她显得像无坚不摧的战士。无数个夏夜，在她在最伤心的时候，不会和任何人讲话，甚至寥寥数语都会觉得奢侈而无意义。她是没有感官的橡皮人，只有一张口，浅尝着黑咖啡。醇酒的浓烈使她瞬间兴奋，奶油的绵厚忽觉爱情的细腻，糖花的甜在咽喉处沉醉。犹如恋人就在身边的错觉，如此真切。只是最后，她轻闭双唇，在昏暗灯光下缄默。

如果时光可以重来一遍，你在爱尔兰遇见我，而我刚好在那儿等你，那该多好。

这一年年尾，百陌向公司告假，关了店门，赶在春节前回了国。

除了拜访亲朋，几位大学好友特意赶过去，陪她玩遍了近几年开发的新景点。不知试图取悦和投其所好是否真的奏效，我们在这个城市里自然生活，仿佛她更是我们当中的一员，谁也没有点破，她这三四年来对于城市的情结到底有多厚重。

她还是在几天后匆匆上了远去的飞机，日子忙碌，周而复始。

北京这座城市有一间小店悄然开张。它也有一个简单不过的名字——“Still In”。

在爱尔兰，百陌打开长锁，推开店门时，从屋檐垂下来的一些轻盈的漂移物，她以为是飘落的蜘蛛网。走近才惊诧，天啊，蒲公英。没有人知道，她在那一瞬间乐开了花，刹那的感觉近乎是她有史以来的全部快乐，没有恐惧和孤独，她曾如此向往过浪漫的爱情。

那些蒲公英飘出屋顶，飘得远了，她才恢复原有的平静。霎时间，心灵得到某种声音的感召。她稍稍停顿了脚步，蕴藏心底的悲伤和回忆，在大自然中汹涌袭来。他们曾有过这样的约定。

有一种心愿是可以通过寄托来实现的。京的存款给了父母，另一部分存款以及“Still In”留给了百陌。他的心愿便是托人找到百陌，问她一句：愿不愿意回到他们曾经的城市。

她喝完最后一杯黑咖啡，想，她会按照他的心愿阳光明媚地生活。

那是他们之间殊胜的一种情缘。

对一个城市的去留，不过是种心血来潮。而这一次，也只有这一次，她回来了。

我在机场见到她，只身一人。

百陌说：“每一个背井离乡的人，都有一次选择归来的权利。所以，我回来了。”

小情歌

这是一首简单的小情歌。青峰很聪明，也足以见到他的功底。一开场，便给了整首歌一个定位。因此，它有了身份。简单的旋律，不多加任何渲染的编曲，键盘节奏混合轻柔的鼓点，贝司占据主要地位。缱绻语意，流淌溢美的温情。喜欢这样的一首歌，情意灌输得一气呵成，词组整合牵引着情绪的波动。

我想，一首歌，之所以能打动一个人，也许是因为歌曲中的内在情感，可以迎合听者的所作所为，照见自己的影子。难以忘怀，听之想哭，也算是用情的根本之处了。

这样的一首歌，可以不断地循环。没有书面化的语言，不夹杂人生、理想、热爱之类的用词。切合悲伤情愫，又在表达中内敛，不撕心裂肺。原是写给别人的歌，在退还之后，青峰用他绝妙的嗓音，自己来演唱。这首仅仅十分钟创作出来的，确切地说，只是从楼梯口转过两个拐角后就有了创作灵感的歌曲，会有怎样的创作背景？再多翻唱的版本，都不及他的演唱，丝毫不费力地就可唱进人的心里去。当第一个音起，一贯懒洋洋的青峰，站在团体的最中央，看似漫不经心，听众却已随他一起走进了歌声里。这，是一种独到的体验。

最早知道苏打绿，是在十年前的夏天。离开校园的生活，状态等同于盲。激越，愤慨，歇斯底里，似乎往后的生活不再如常，而对全新的改变亦是无感。是在那时，听到他们的单曲。积郁无法疏解，颓唐成为常态，不堪照见灰暗，得不到自己的原谅，觉得阳光都不再爱我。朋友说："快来听听这首歌——《是我的海》，快去听听看。"

歌词是灵魂，旋律是载体，不多言，寥寥几句，分享作者的心绪与感怀，从而听众借此观照到自己在某时某地的难掩之情。触及隐匿的悲喜，入木三分。印象深刻，爱得恰如其分，一首歌的完成，预感就已决定了一切，会是自己喜欢的。

喜欢，是内心感受。如同品尝一道甜点，相识某一个人。喜欢过就很好，直接，挑剔，无从说明根由，喜欢就是这样地不易，这样地不假思索。即便往后的时光，对这一喜欢有了退减，并逐步消失，也不觉遗憾，是在那一刻，你留意到它而有了感触且放在了心上，哪怕之后再有了新的，也该知道忘怀属于哪一个。

在朋友的生日会上，满员的大桌，熟识的人相聚甚欢，推杯换盏好不热闹。嬉笑，迎合，彼此用力沉溺欢愉。可他说：“有些话，只想当面和你说，我失恋了……”我们是好朋友，各自的感情生活，能够识趣地去关照再三，是可以说贴心话的关系。这样的时候，很适合流泪。我便识相地说：“要去唱唱歌才好。”

他醉酒，在卫生间呕吐，我在门口候着他。楼道里的光是暖的，镜子前补妆的年轻女子，雪纺短裙单薄花哨，身上散发着coco chanel的香气。后面有人自说自话地排着队，一拨人一个模子般扎堆讲着心事。一个“职场精英”打扮的男子，白衬衫的扣子解开了两颗，他上前与女人拉扯。对话轻佻，举止俗厌，是我讨厌的人，让我看到讨厌的事。

速速离场，走在过道里，我已微醺，眼光迷离。灯红酒绿中，每一间包房就是单独的一小片天地，进进出出，有人哭，有人笑，唱唱闹闹，房门开合配合醉酒的人扩散醉意。待与解决的事情，饮酒助兴。点了歌，各自有的烦恼愁绪也暂且可以得到平衡。

回去的夜路，赶上不合时宜的雨。雨水冲刷街面，淹没行人的脚。白茫茫的一片，笼罩周遭，有嘲弄的意思。这个庞大而坚硬的城市。高架一座接连一座，转弯去了哪里？我们都醉了。还有人在车厢里热闹，烟气酒味，配合得相得益彰。电台很是讨巧，放了《小情歌》。DJ更是调皮，说这时候需要给晚归的人一些温暖，希望在夜雨中都能有个可靠实在的怀抱……前奏刚刚响起，他们说：“快听，快听，是你的歌。”

我的歌？这是一种标识。朋友深度了解自己的喜好，日子长了便成为象征。爱过多年，也只是归于爱戴。唱出情丝万缕，唱出伤口愈合，下一次要去唱给谁听？还会有谁在听。应该知道是怎样的人唱着这样的歌。见玻璃窗上的雨痕，一条条的纹路，好像是谁的泪撞进了谁的心。车厢内，不知是谁趁着余情未了，开始起了头，又有人在跟着轻轻和：“你知道，就算大雨让这座城市颠倒，我会给你怀抱……”

生活有着重音，日子才能充盈。自知自持，辨别每一步的是非曲直，在消逝的每一寸光阴中保持心明，用纯真质朴撑起信念。老去的歌，老去的人，一段消失的情，微笑面对来时路，细数匆匆走过的点点滴滴，便可知多少故事早已印在了心里。

游戏人间

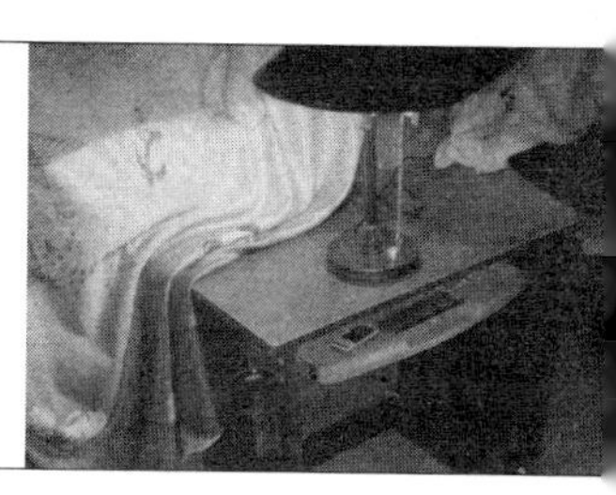

相爱

冬日寒冷的北京街头，狠厉的风带走一切温暖，像营养不良的面色，涂上再多的妆彩也是糊弄人的把戏。厅堂的暖意，使宾客退去棉衣，只着一身柔软礼服自如活动。婚宴的布置，郑重规整，品格高雅。司仪惯常开场，宾客早已落座。大同小异的流程，在掌声欢庆中记录着新人的珍贵时刻，一步一步直至此生此世，表现力强悍或许才有资格彰显两人之间的情真意切。

爱是修行，是双手合十的祝福庆贺，是用自身消耗来供养的绵长情路，难能可贵；爱不是貌合神离的假象，更不是寄托形式的一场表演，来供他人欣赏。雷同的婚宴，相识的朋友，一场一场地接二连三。姑且可以这样认为，相爱的最好归宿不过就是彼此牵手走入婚姻殿堂，走入四季更迭，举案齐眉般地相守着一年又一年。

婚姻的终局大抵可以称为一种默读形式，明确知晓往后的日子该有怎样的步骤。人们因为深知感情的难得，所以才会一直小心翼翼。体态和品性，各自有着不同标准，留存心底作为准则。因由需要匹配的伴侣，每个人在有限的人脉资源中寻找辨识，等待对方的出现。人群中，光阴里，日夜兼程。踉踉跄跄，行程万里。言语中的信誓旦旦，研析出精确表达，继而勾勒出心中的既定轮廓。

考量一个人，待价而沽，直观上来说是个走马观花的程式。浮光掠影，爱与不爱，等的不过是个答案。不要因为眼下的一时荒唐，便否定了明天的诚恳，而苛责了昨天的满满赤诚。情愁几重，环境的制约，带来选择障碍，受困于眼界的蒙蔽。用心感知对方的存在，即便心会疼，也是甘心。或多或少的恋爱经历，过程所给予的经验与体会，更多的是自我感知，重新认识自己。一言一语都是感情培养，若是心口不一，再怎么计较也不会达成共识。即便意乱情迷不可自拔也是无以为继，终将败给现实。头头是道的爱情分享，自当是生活的调剂，见多了自然生发的亲厚，定会有流泪的冲动，为了心里那个等不来的人。

青春时的爱恋，彼此双方势均力敌，是种血肉横飞的畅快淋漓。爱着自己，有专属的味道，可以避开人潮相视一笑。优势建立于年轻的资本，自觉脱颖而出不会知难而退。快速得到取悦，招架一切分辨的赏识。情投意合，柔肠寸断。了然于心般的有恃无恐，一切尽在掌握中。比对，确认，青春由谁来提供，在来不及回忆前得到却之不恭的忠贞伴侣。

婚礼以新娘流下眼泪收场，喜极而泣的刹那迎合皆大欢喜的笑容。换装，敬酒。在他身边，她随他左右，有相同的气息频率。相爱的味道有了具象，亲友纷纷合影留念。起始是这样好，细微的感触，使人沉醉。

并非是佯装就能够忽略孤独，身心有了归处，仿佛这美好的冀望总在时刻翘首以盼。装束，模样，巷子口锈迹斑斑的指示牌，行人在街上往来。周围的声响影像，喜悦后却疑点重重。明示照应，各自别过，因陋就简，搪塞了经历的无边风月。曲意逢迎，严防死守。惶惶不可终日。爱情有太多不易割舍的笃实信靠，回忆退去，遗留下的症结依旧会泛滥成灾。

从前慢

经过一些中年人，他们身上依稀可见年轻时的样子。从他们脸上透露的讯息，我继而想到周遭熟悉的人。遍想了所有人之后，唯独没有自己。

他在偏僻的复印店工作，那是最早修订图书的机构，大批量的印刷皆来自一台高热量慢动作的印刷机。它夜以继日地工作，发出持续而别致的声响。陈列在书柜上的手稿，均已泛黄。一律长篇累牍的传记，行文潇洒与熟络，执笔者赋予它们伟大和高尚。昏暗光线打入旧窗，那台机器仍在良好地运转。理论里不允许有丝毫差错，它透露着重要的警示讯息。来之不易的事物往往倍加珍贵。

在荒无人烟的地方待久了，人对事物的感知力日渐薄弱。困惑的日子难以明志，不宜立誓，尽管命运陷进无限巨大的苛责里。如果心事沉重且意志易被摧残，也不能沦陷，否则灵魂必将退步。去草原上吹吹四面八方的风吧，它会过滤无限的低郁情绪。

他不再管复印工作，终于打破了长久不见天日的烦闷。野马无法和驯马产生比较，不能善守一座牧场，因为没有一个善驭的牧马人。而这时的他，恰巧需要脱开缰绳。于是，他去酒馆小住，观察八方来客。在暴雨过后的长街行走，街头有穿旗袍的女人和急忙行走的采药人，沪城岁月就此一瞥。

徒步去半山腰的商铺拜访旧友。他到达时天色已晚，看上去朋友更像是和蔼的老人。他们掌灯习画，聊起经营书画的甘苦。如今一个落于半山，一个栖居市街，山有清苦，街有寂寥，他们仍是君子之交，感情不会冷却生疏，觥筹交错间往事如风。

水一旦流深，就不会发出声音；人一旦情笃，就不会轻视淡薄。

太阳即将落山的时候道别辞行。山脚的沙和石混合堆砌在一起，晒过一日的沙砾在黄昏时散着温热。他难得来了兴致，将手深埋进沙砾里，沙从指缝漏下。独自坐在这里，面无表情地看一只小虫爬过的轨迹。人在孤独时，会反观周遭动态以此衬托落单的定局。城区和大山相隔数里，他要在天黑之前赶回住所。

有着多变情绪的人处于弱势状态里，从年少到迟暮，走过多少变更分明的季节，才明晓其所适所好。试着清洗复印店的玻璃，经年累月的风霜雪雨曾在这里经历。再过几年，会有先进机器代替夜以继日的复印机，而这间屋子的其他陈设仍旧属于这里。

他逐渐比常人更加豁达开怀。走访朋友，棋盘博弈，庭院养殖，少显始末。

目的性强的人，一开始善于躲避，他们害怕眼睛出卖了内心的渴望。

矛盾体

自那年与她相识，距今已有八年之久。

漂泊在外的旧友并不经常相聚。但每年元旦之前，总要和一行来自天南海北的朋友聚在一起跨年，从东京、香港、曼谷，到上海、北京，那是一群人的狂欢，却也总是提醒着某个人无可逃避的孤单。

她事业有成，但却孑然一身，眼看着身边的朋友谈论各自的幸福，她只能含笑应对。

终于有一年，她把跨年相聚的地点，定在了北京。

北京的夜生活总是缤纷多彩的。尽管天气寒冷，三里屯里却依然热闹，沿街流淌着时尚奢华，黄皮肤中夹杂着金发碧眼的高大白人。她手中拎着刚打开的啤酒瓶，一边散漫行走一边恣意谈天。新鲜的啤酒散发着谷物的馨香，滑过舌尖却将苦涩留下。如同她的生活，看似美好令人羡慕，但实际上，却始终不得圆满。

渴望爱情，但又害怕爱情。

看似无情，却又那样深情。

半瓶酒下肚，话题终于放开。她悠悠说起往事，她曾爱过一个来自台湾地区的男人。自八年前至今，始终不能遗忘。他是她一项业务的合作伙伴，年轻有为，笑容温暖。初次见面，他用温热修长的五指将她的手包裹其中，认真而诚恳地望着她的眼睛，与她问好。

他的眼神明澈，那是她从未见过的眼神，落尽了星辰的大海，一眼万年。

每个假装不相信爱情的人，心里都藏着一个不可能的人。是的，她无法离开这里，而他也不可能为了谁留下。相遇，就注定了分离。如同他们在一起跳过的那一支华尔兹，优雅浪漫，十指紧扣原地回旋，看似眷恋深情，却始终无法改变曲终人散的结局。

“是朋友，我们只是朋友啊！”

她喃喃地重复着，啤酒的泡沫渐渐挥散，沉淀下来的唯有似水般的静谧无语。

他们都是精英之中的佼佼者，孰轻孰重心中早有分明。明明彼此深深吸引，但又害怕沉溺其中，最后两败俱伤，身不由己。这份爱情，上一秒让人向往，下一秒又想要远远逃离。所以，他们决定在这段爱情开始之前，就亲手画下句点。

就在初遇那一年的冬天，圣诞节，他们相约在三里屯的一个小酒吧共聚，她点了长岛冰茶，他略带无奈地浅笑着说：“可惜你不是水瓶座。”她说：“我也羡慕那些人，愿意为了爱而盲目不计后果。只可惜，我们却一直都是清醒的。”此后的花开花落，季节轮转，她看着他一次次跨海而来，短暂停留之后又再度离去，始终对心中的爱恋保持缄默。

但分离若是失望，重逢就是希望。

她依旧期待他每次握紧她的手所说的那一句“好久不见”，期待他明亮的目光落在自己身上时，满怀欣喜的模样，期待他用熟络的姿态揽着她的肩膀向别人介绍她的名字，更期待与他一同走过三里屯，在灯红酒绿之间举杯共饮的短暂时刻。

她说："听过她的故事的人始终不懂，究竟是什么诱惑，让她心甘情愿飞蛾扑火。"

我说："爱情就是如此，假如你遇见他，认识他，就会明白，这个世界上三千弱水，缤纷灿烂，但冥冥之中，唯有那一个人，是真正属于你的。"

他让你身披枷锁，却甘之如饴，不想解脱。

他让你无法割舍，却时刻惶恐，仿若着魔。

那一年的跨年夜，北京工体正上演着一场演唱会，漫步至此，一时兴起便买了票进去凑热闹。入场时，全场观众正挥舞着手中的荧光棒，与男歌手齐声合唱，冬日的夜晚为此多了几分悲伤寂寥，她听清歌词的那一刻，呆立在原地无法动弹。那旖旎深情，却又满怀希望的……歌。

"我多么想和你见一面，看看你最近改变，不再去说从前，只是寒暄，对你说一句，只是说一句，好久不见。"

热泪盈眶，失声痛哭，别离聚首，怦然心动。

在这一刻，她面容平静。隔了几天，她离开了北京。

一个城市，住着一个矛盾的人。她与自己对立，活生生树立了一位打不败的敌人。人一旦打破某种不平衡关系，心气血液重组，又会全然成为一个全新的自我。告别执着驻扎的矛盾体吧，再斟一杯酒，举杯同欢庆。

Instagram（一款图片社交应用程序）里，一杯茶，一朵花，一本书，一次旅行，她的脸上多了些热恋中才有的娇媚，而身边陪伴的那个人，有星辰一般明亮的眼睛，笑起来的时候，如同夜晚倾落的月光，安静温暖。

她说：“原来，放弃一些东西并没有想象中的那么艰难。”

这个世界上所有无法圆满的爱情，都是因为不够勇敢。

危险关系

世间大凡事物均能解构，唯独情欲；由它构成的危险关系，会成为一种衡量自身清透内里的辨识准则。若不设防，际会便在两情相悦中受到撩拨，致使关系危如累卵。侧耳倾听，隐隐作痛，用时间雕琢的堡垒，会在不经意间化作泡影。它将永远得不到体谅。

小巧的房间，是我单纯心灵长到成熟的避风港。里面的窗子是我的眼睛，让我学会看风景。对于外面世界的懵懂，我不停地借，借来忧伤，借来快乐。没有人给我指引。看似阒寂无人，但细枝末节处，似乎都有你在陪着我。可以并行不悖，不再独自一人潸然泪下。你的出现，让我喜欢在阳台上享受风。夜色温柔。我在川流不息的夜里感受到某种节奏，涌动于身体里，却最终归为宁静。

人在前半生里能够找到三两相互告慰扶持的人实为幸运。因为他们知道，世界上有一种托付叫期望，路上受的鄙夷再多，但只要继续前行，结果只会更相近。路灯，觥筹，席地而坐。半湿的头发风干了。

爱是那么深，往事却如残花落月。随风不见，迟滞消散，以为能做了断就是镜花水月了。只是风再吹来吹去的，不过也是头发乱了而已。

见识过一些丑陋的欲望，扎根心底，不见日光。它们挣脱禁闭，短兵相接，生猛硬撞，无法无天。没有适可而止，直至激烈的情欲退却，空留汗涔涔的肉体。身体本能对峙道德底线，彼此间畅快淋漓的结合照见破烂不堪、空洞肌体的情欲。两相情愿，心血来潮。离开喧嚣，不必打搅。

一夜温情，花落缤纷。等到日光半暖，换来的便是无名的陌生。谁会记得谁，也许只在将要颤抖的一刻，会说出“我要找的人就是你”之类的鬼话。看似温暖，晴朗的夜空都在笑话两个人的花前月下。是否随便，自然也就没人再去计较。想改变现实状况？想安稳地得到一个人所有的爱？谁还有心去自讨没趣，颤抖的条件没能确立之前，就必要挖空心思得过且过，以好安康。

一个曾经那般信任、想去托付终身的人，却毫无察觉地露出危险因子的端倪。相信和无尽的爱也曾化为包容，这般后知后觉失去警示。判断有错不是什么后悔事，人会为自己的任何抉择做相应的承担。成为陌生人这样的结果，在开始有了争吵的阶段，就已成为征兆和必然。

没有危机意识的女子。家庭的佑护或自身的强大，都给了自己能够为了一些事便去奋不顾身的可能。所以残酷事实像纪录片一样上演，衣食住行，都要竭力最好。我承认有过的软弱，那是从右侧泪痣上划过的泪。斜靠着墙面，我一动不动地对自己说：“若是怕黑那就开灯吧！”人总要努力去实现自我的抱负，拥有梦想该是多么难能可贵的事。

是什么在作祟，使得自己的敏感见不到豁然开朗。忧愁加深，妄言痛心疾首的打击，能够使人痛定思痛、不再犯错。不能平静，不再相信。获得力量，是有了破釜沉舟的准备，要让自己的软弱死无葬身之地。

是的，我不难过。没有原因，就没有结果。坐在窗台边，想着自己只是在做梦。不断地，不断地。亦是希望这个梦，能在黑暗的角落，永不坠落。仿佛丛林中的一点萤火，独自在黑夜中闪烁，绚烂的，要让腐朽的感情化作飘舞的魂魄。

推开窗，风很猛。吹动的窗帘是飘舞的魂魄。打在脸上，盖住我努力燃烧的萤火。

以前常说，好羡慕你的眼睛和手，可以在闲暇的时光涂鸦温柔。直到别离后，才想起你的眼睛里盛满了她的影，你的手只为她而温柔。在形成冰花的冬夜窗前，读素心静语的《小窗幽记》："当为情死，不当为情怨。明乎情者，原可死而不可怨者也。"

终于，所有的人都有了属于自己的小甜蜜。但这无形中，便让一些思念失了味道。心中的忧伤加剧，过往的种种，却渐渐消散。不管明天是否依然虚无缥缈，我祈望，醒来之后，是一个艳阳天。

多年来，我一直住在喧嚣的商业区，明日广场上的时钟会在整点准时敲响。

我有一碗酒，可以慰风尘。我有一个比烈酒还烈的故事。今天盛满，端给你尝，你是否还会情愿？

待与青春再见时

莫然的家，要走过这两排老式居民楼，之间一条走道，狭长而不宽阔，每天却很热闹。每栋楼下都有小吃店，七月份的每个黄昏，店家都会在门前摆好桌椅，准备接续头晚的热闹。铁栅栏是界限，倚靠着繁冗闲散的生活。

路灯打开的时候，暮色渐浓。陆续而至的食客一伙儿、一伙儿地围坐一桌，喝酒聊天打发时间。年轻男女，父母孩子。他们在此各取所需，日复一日。热闹有种规模宏大、和美昌盛的氛围，因晚间的飞雨和弥散的酒气，许多人的声音开始大了起来。

莫然安静地走过这片嘈杂，绕开觅食的流浪狗与坑洼处的积水去商店买香烟，我跟在他身后，见他没有多余表情。他的不同，在这里格外明显。他不与老板客套，结账离开时，只应一句谢谢。与他同打一把伞，听他给我介绍周边环境，告诉我这是他的第几次搬家，我只顾四处看着频繁点头。辞去一个工作，他就要随之换到一个新的住处，目的是可以步行去新单位上班。他说这样能够为他带来不少方便。城市人口的泛滥，他不接受的同时也不免会在路上要与别人发生不快，影响他本就糟透的心情。

雨大了起来，他的声音在伞下持续，尽可能大声地对我讲话。我们之间只隔着一道空气，可这分分钟就会向我袭来的陌生感竟让我一时无语，只觉眼前的他不再是我印象中的儿时伙伴。叙旧的热情在雨中冷却，我的言语也跟着一并消失。身前不远处有一摊积水，我们越是靠近映出的闪烁霓虹，越是显现狰狞可憎的影像。走过去，他的裤脚已被踩湿。

随他上楼，到了三层。他的动作娴熟干脆——开门，撇钥匙，关门——房门撞击的响声须臾掠过，一片寂静的黑暗在我眼前。稍有响动，我已被他关在了门外。

“硕宁……”他开门连忙向我道歉，“真是不好意思，家里平常没什么人来做客，我也就习惯一个人进出了，快进来坐……”

房子不是很大，家具也少得可怜，或许是房客，他就不要求能够和自己的家里相比。我知道，他家总会置备一些精致摆设，但在这里，他的意图算是重获新生还是与以往断绝……当然，这都是我的记忆，就算是我，也不过是他的儿时伙伴。即便可以陪同彼此牵手走过泛黄的曾经，那也只是想当年。我已与这里的他毫无瓜葛。

我们是最要好的伙伴，像一对儿相爱着的小哥俩，晚上可以在彼此家留宿，有着说不完的话。彼此心中藏匿的小心愿，那种明见的亲昵，使我们可以抱在一起说梦话。不过，这次回来与他的再次相见，不免令我对他心生疼惜。是他奶奶告诉我，他早已搬出家自己单过。可是……房间纷乱，茶几上的灰尘，烟缸里密密麻麻的烟头，还有不曾吸尽的半支烟。我坐在沙发上，正对着足有一面墙那么大的书柜，堆满书与杂志。见一只肥胖的猫跑到他脚边来回地蹭。他笑了笑顺手抱起它，又给我挑拣几本杂志让我随便翻看，可有些话他欲言又止：“……算了，这次是来叙旧的，你等我一会儿，马上就回来。”

茶几很大，样子敦实，四腿粗壮，雕有四条盘龙绕云而上。茶几下方铺着一块质地厚重的毯子，上面堆着该清洗的衣服。灯光不明亮，想必他在这里也就找不到任何温暖，我却能够见到他随意放在上面的书和大量影碟。埋在书和碟片底下，是一个相框。我知道，他喜欢留存我们之间各个阶段的回忆。相片中的他在麒麟铜像前，笑得那么开心。这是高中毕业的那一年，我们同去公园游玩。十余年前的盛夏，也是在这样的七月。

我起身，看见在书柜、窗台上被他养得茂盛的盆栽。肥胖的猫咪俨然已是这里的主人，随处可见它吃食的小碟子和饮水的小罐子——在窗台上，沙发旁，门厅的玄关处。还有为它准备好的用来排泄的猫砂。在不同位置放着清水与猫粮，我想着是莫然不忍心看到爱着的猫咪，一次性没有控制地吃得太多……他一直爱着简单的事，就似他一直留恋单纯的儿时岁月。我拿下他摆在书柜正当中的玩具，是辆掉漆的玩具车，还有少了一只胳膊的变形金刚。定睛一看，仔细回想，原是我小时候留给他的礼物，算作告别一段时光的纪念，却不料想……静物代表着一种被我们忽略的现实，虽然它深深地留有时间的痕迹，但它依旧沉默，保守着生活的秘密。

那个年纪，本不该想到的事情，莫然都已提前料到。那一年，他不过才十八岁。对于未来，有过美好憧憬，但就在那时，他的梦想就已宣告死亡。回忆才是他的全部，但面对里面那些种种的，他不可能在将来实现的愿望，使他感到无助，也就不再幻想着将来会是谁能够牵着他的手，走向最终。家道中落与我的离开，在自小便敏感激烈的他看来，是种困厄。他的眼睛或许会因身受可怖而在偌大的黑暗中，失掉本该有的一切。他说，他知道，他所观望的一切濒临坍塌。

酒喝得多了，我们的对话，随之也就多了起来。家长里短，停

摄影：GT君-2013　模特：夏梓浠

停歇歇，时间也就伴随买来的酒一同消亡在我们诉说过去的回忆中。雨下大了一些，我起身去关窗，看硕宁与猫咪已经熟络。从客厅到阳台，短短距离，让我意识到自己和生活之间相隔得其实并不遥远。硕宁现在过得很好，结婚并有了孩子。是不是只有墨守成规的人，才能有勇气更好地计划将来？是不是每个人都要有一个很好的切入点，才能进入关于幻想中的美梦与现实中的空无，再不会见到有谁要赶来平分秋色？又或许总是要在伤心绝望的时刻，才能达到平衡？

无奈的可取之处，就是可以很自然地对于个人的寂寞，做出相应的对策。当然，也就不会有人再来耻笑什么。可是，当我再次看到硕宁，才清楚地知道，我对自己的生活一直欠缺考虑。我们同岁，从小就相互较劲儿，就连个头儿的高低与谁来当哥哥这样的小事，都要计较一番。可现在，他事业有成家庭美满，而我仍旧一味地清苦寂寞。或许分水岭就是高中毕业后，他去了国外上学。那么，在我所选择的此道上，因为根本就没有得到家人的认同，我就不该想着在这之后，有谁能够陪同我去看看在日光照耀下的这个繁华盛世。能与他拥有同等的快乐，只出现在那张我们同在一个画面里的相片？

干燥的城市，因难得的雨季变得湿润起来，而我想，我的眼眶是不是也会因为久违的泪水，看起来要动人很多？

他不见我回来，就喊，“莫然，你干什么呢！又把我撂到一边儿，快过来……你怎么了？眼睛都红了，是喝多了吗？”

坐在他身旁，我语无伦次，神情愀然：“你喝酒了，外面还下雨，就别回去了……硕宁，其实有很多事情都不由分说地会要我难过，你来看看现在的我，还是你记忆中的那个我吗？我知道，每个人都要各自承担青春无畏失败的苦痛……可我却偏偏整个人都是个遗憾。我的努力现在看来分文不值……只有你能理解我。”

“你可以走出去，去开阔眼界，去欢乐。这都是你想要就能去做的事！”

“我断绝一切往来。只是在周末的时候回去看望奶奶。而留在身边的几个朋友也都已结婚生子。我们不常见面，也是我知道谁也不会来过问我的寂寞，可这也应该不是谁的罪过……快来看我是不是很能喝酒，硕宁。”我仍旧以小时候喊他名字的语气叫着现在的他，而他端起酒杯也与我同样猛灌了一杯，说：“你的不开心是我不知道你这些年受了什么影响，又发生了什么事，我也不便多说，只是希望你能快乐起来。”

“是我的性格使然在作祟……每次我都决定要换上新面目，可就在不经意时又原形毕露了。我能留下的也就是那些别人舍弃的旧玩具，而我却从来不去过问它的新旧，照单全收……你也应该能够明白，看别人都在快活，谁还有心驻守自己无偿的寂寞？是的，我也就能和你说这样的话了。”

“是啊，那些破烂，你怎么还不丢呢！搬了几次家，还都带在身边？”

……

对话无法再进行下去，硕宁听到我用力道过猛的语气喊出：“即便最贤明的人，也说不出所有人的归宿！”

房间很小。我躺在沙发上，叫硕宁睡在里屋。可在朦胧睡意中，我却听到他来回走动的声音。持续又缓慢。他在卫生间修理滴水的水龙头；在整理多余的废物垃圾；又给猫咪换新的水与猫粮及清理它的排泄物。一切动作带来轻微声响，离我非常近。知道有人出现在家里并能得到他的照顾，使我感到久违的幸福。不论他是男人、女人或是留在身边的不谙世事的猫……听到硕宁关门离去。我觉得安稳，彻底睡过去。

醒来时候，已是下午。家里收拾干净，猫咪在我身边梳理绒毛。天空放晴。去卫生间，看到被我打碎一半的镜子上贴着便条。上面写着：

脏衣服已被我拿到楼下洗衣房，你明天就可去取，收据放在你的床头上；早餐给你做好，估计你也不会趁热吃了；镜子过几天我会带块儿新的来。还有，你的生活令我难过。我要照顾你。还会再来看你。要等着我。

你一直在找自身的价值，不断地推翻，然后再重来。我想在你醒来之后，一定会有别样开阔的心境。你不曾放弃自己的最初，但又一直拼命暗许自己的最终。这就是你的不同。你心里有坚定的诚恳，即便没有人能够见识到你的好，但你只是你。你用盛大的爱，来包容认为对的事情，却还是经常忘记了，要对自己好。我现在要奉劝你一句，不要让自己太辛苦。我认为，你的将来路，必定辛苦，这会让人见了心疼。

硕宁

用冷水拍脸。深呼吸。开窗。想清楚自己到底在哪里。鸟鸣吟声，思绪平和，似乎天气和我的身体一下都有了转机。天空很蓝，芳香飘过，我发现其实自己只是一朵云，在忧伤徘徊。

今天是周末……我家快到了。

花甲老人

有些生涩干枯的事物，例如制陶、刺绣、写正儿八经落款的信，在昔日，那么轻易地被注入温暖和热泪，及至深爱，形成惯性的游戏。他牵着她的手，从青葱到古稀，也算是真真切切游戏了人间。

在咖啡馆认识一位老先生，偶然积少成多，便成了一种缘分。他坐靠窗的位子，时常等人。我坐对墙的卡座，大多时独自。他自带臻溪黑茶，我点咖啡馆的茉莉。几经点头微笑，后来便寒暄问候。我有幸拥有了一位可敬的忘年交。

老人并不把茶叶放在咖啡馆里，每每再来，只是简单的配备。他随身带着褐绿色的棉麻手袋，里面盛满烟丝。他喜好抽雪茄。并没有固定的约好照面，我来此地是就近原则，而他或许是常年对某种舒适度的认可。年过花甲之人，面容慈善，温和大度，似一朵含苞多年才得以盛开的花，在岁月里结成沉甸甸的果子。老先生起身让我闻那烟草香，我迟钝靠近烟袋。吸食空气如果可以避免饥饿，我便在此时充盈我的躯体灵魂。没有问及来源，兴许是友人的赠送，又或是高昂的收藏。抬头的瞬间我竟紧张难安，他笑得更加慈祥。

后来有幸拜访，老人穿棉麻的布衣热情迎接。他在四合院里抽起烟，老妇人从屋里拿出小马扎。她扎着一只辫子，看样子是刚梳理编

摄影：杨千瑞

过，从背颈绕过，松散地搭在左肩。她穿绣花鞋子，围一条花色的绸巾。连初秋雨后的彩虹，都在此刻应景。她一生都有着时髦的心态。他们就这样走到花甲之年。

进到屋子，我将礼品放下。对四合院的一切景致心生爱意。被刷过的红色门把手，有着两人偕同陪伴的印迹。他附上她的掌纹，还是她让一个家有了新的诠释？她会感叹她的老去，说从我的身上看出她年轻时的样子。老先生蹙眉哂笑，那笑容仿佛他也回到几十年前，还是个英俊的小伙儿。神圣和爱能够酿造香醇美酒。相框里呈现的，是他们并肩走过的大地。

如果我也聚精会神，就在此刻看到真正意义上的相濡以沫的爱。

在一个没有自由的时代，大部分时间除了照顾更小的家眷就是干活。最奢侈的事情是在改革开放后，他们定期去山塘书院看书。他坐在一隅读书摘记，这个身着中山装的男人，坐在长凳的一角，会不时望向身穿青色制服的女子，他会抄录一些书中的诗词，之后将白纸翻过来，笔迹苍劲，附上一句：月上柳梢头，人约黄昏后。

我在心里锁住故事，道别后即刻离开。

你或许是年轻的样子，也曾对人生有过前所未有的审视，那些先前的不快及种种症结。人满为患的地下铁，早已无法构成你最初钟爱的样子，每况愈下的身体及沉重的脚步在岁月里发出警示；你对城市的情结被回忆汹涌充斥，它停在你路过的此处，已开始让你成为一个再无明确追求的人。走过天南海北的路，才能与他携手，相逢之处满是温柔。

这一世，无一物中无尽藏。收藏，写作，静赏都是人间美不胜收的游戏。

那日雾霭氤氲，我站在小城高处，光景在脑海存活。任时间无偿地降解浮夸，可会落得一味分明？唯愿世间有人多为幸运所顾，像他和她，携手洗尽铅华。乐此不疲，直至花甲。

白驹过隙

城市交通随着时代发展，趋向快捷方便，为乘客在不同城市之间的往来带来了自由，并持续扩大城市的建设，以开放的态度接纳前来投靠的任何人。伴随格局发展，改变的思路亦是模糊了旧日味道，勾勒出无法界定的疆域。状态饱和，城市笨拙机械地运行，人流之大造成灾难景象。呈现最为真实的生活本质，是社会大众无法逃脱的生活处境。

他们一家三口不知从哪儿搬来，在我家隔壁住下。租用老邻居的外宅，开了间店铺做起小买卖。在陌生城市寻求生计，他们的待人接物碍于生疏，显得与本地居民迥然不同。男人是个体型憨壮、浓眉大眼的人，耿直爽朗，在与邻居熟识之后，便能闲谈打趣。过了一段时日，他才放心将妻子孩子留在这里，独自去周全随时调动的工作。小孩子是个可人儿，夏日来到时，会光着身子套件小背心赤脚在街上玩耍，不认生，与当地的小朋友玩闹相欢。他的妈妈是个持家的能手，照应日常生活的同时，忙里偷闲学着一门生存技能，将手机应用、电脑维修作为副业经营。邻里间和睦，附近的居民自然也会照顾她的生意，也着实看到她的辛苦。在她一个人骑着三轮车去大型市场进货送货时，附近的人会帮忙照顾她的孩子。小本经营的买卖，她在劳碌中切实感受到幸福的真谛，内心获得平衡。

为了能与丈夫团聚，她才不辞辛苦背井离乡来到此地生活。小小的门脸房，是她日常生活的全部。相信眼前，希望明天，心里有着格外厚实的世俗生活的欢喜劲头，无视命运的流离。十分坚韧的生命力象征。窄小的额头，刘海儿总是被汗水浸湿，一缕一缕地弯曲挡在眼前。眉目清秀，眼里总有笑意，不见有太多埋怨牢骚。

生活简易，质朴从容，日日安稳地度过小镇四季。她的生活，容易让我联想到记忆模糊的童年。那个可以在村子里发现乐趣并且玩闹一整天都不觉枯燥的童年。拾起路边上的蒲公英，抬头吹散，等奶奶唤我乳名回家吃饭的童年。

这是一条长街，鸢尾芍药长满两边，仿佛连着远处连绵不断的山峦，有浓雾萦绕山巅。山脚下是一片村落，生长其中的座座房屋，错落有致。炊烟徐徐升起，该是团聚的时刻。孩子们玩累了，回家等待妈妈端上饭菜。爸爸也要工作归来，放下满身沉重，洗手吃饭。

女人照应家中日常，日子虽是清苦，可是看着心爱的男人和孩子，她也是笑容满满。庭院中大黄狗的几声吠叫，示意主人不要忘了它。圆满的生活，如同眼前空地上的大片雏菊，金黄热烈，却又平静安详，风一过，摇晃的身子，举着的脑袋，又立刻恢复往昔。

再往前走几步，已经不是泥泞土路。这是刚刚下过雨的小镇街道，青石板的老街上，留下旅人的陌生印记。时光与天气的融合，让本是高低不平的道路留下坑槽。缝隙中会有野生花草顽强生长，即使吸引不到过路人的目光。淅沥的小雨，像离人的眼泪，坠在路面的青石上，不住地滴答作响。两旁的住户，大片瓦房，木窗木门。时间在木板上摧残，留下斑驳线条，分辨不清当年的颜色。阴郁多雨的天气，使暗绿色的苔藓肆虐。大株的阔叶梧桐，在这里最为常见。雨水嘲弄叶子，色泽有洗涤的痕迹，显得一片苍绿。一朵朵的月季，花开正酣。

他们一家是受欢迎的租户。在这里生下了第二个孩子后，他们动身搬离，留有不舍的情分。交好的邻居纷纷送上祝福，道别时会过来抱抱孩子，嘱咐几句，让女人的眼眶红红。丈夫的工作有了起色，要带妻儿随建筑工地的转移迁到别的地方去。生活的常态，在环境的改变中容易忽视一些事的发生。她见到与丈夫之间愈发明显的隔阂，仿佛两人之间存在深不可测的沟壑，她站在他的对岸，两人不动声色地维系关系，却无法再汇合成为一体。

新的租户即将到来。正是因为我很少注意到家乡的变化，仿佛一夜之间就多了很多生面孔。不常在街上走动，不比小时候。一条条胡同，一片片收割后的稻田地，都是玩闹的地界。在时代变迁的浪潮中，各家各户都不再是原有模样，整体符合新时期的面貌。临近拆迁，听说每个家庭都在积极响应准备在庭院中扩建住宅面积，以得到更多的补偿。一整年的时间，大街小巷都是运送建筑材料的货车，来来往往，本家也热火朝天地推倒自家院墙盖上住房。在大雪纷飞的冬天，村子暂时休憩获得宁静，可是街面上融化后的积雪成了泥巴，使人行路困难，也就更少有人在街上走动了。

后来修过几次路，翻新了村子的大街小巷，统一刷上颜色明亮的油漆。整个村子涂上时尚颜色，整洁妥帖，为了等待更高规格的处理，从而获得相映衬的名号称谓。街道不显宽余，私家车随意停在院墙边，使得街道更窄了。临街居住的家庭，干脆改了朝向，将原有的布局做了调整，把闲置的空房作为店铺出租。

原有的便于行人穿行的街道，因由商贩店家的增多，使这里的生活失去本来的秩序。巷子口那家小酒馆处在村子连接大道的有利地段，生意最为火爆。下工的工人，是经常在这里出没的老主顾。衣衫油渍不整洁，面容木讷，容易识别，带有粗糙苟活之意。不同年龄段的外来务工者，投身于此寻找生机，坚持恣意生活的态度。以为无往不利，与外部环境无关，过着最当真的生活。或许失去感情根基才能安之若素。隐藏历史过往，以来路不明的身份得过且过，重新定义新的生活。常在下雨天打把伞走过，以为可以少见到种种不良。可在这里一切照旧如常，招牌大而无当，仿佛地利人和越发平实顺当。这里的一切给人的感觉并不讨喜，犹如店家女子的面容。

至此，环境的改变带来心理承受的不堪重负，这便是适应的欠妥。快节奏的生活步调，无法与以往相协调，亦步亦趋，就是对谨守的生活的耻笑，不懂变通就不能够全身而退。

一条街、一条街，都是自己曾经走过的路。衰落的小学校园，现在已经荒草丛生。在闲置一段时日后，被改建成校办工厂。无人问津之后彻底荒废。低矮的平房校舍，玻璃都已完全破碎，风从这里经过，站在里面能够听到应和的哀语，而不再是朗朗的读书声。残留的半截黑板上，除了当年一些淘气的孩子们留下的笔迹，还会有苔藓在上面陪伴。木制的桌椅，很是可笑地长出菌类。我伸手去摸，灰尘苍老、坚硬。

在我眼前是一条苍老的街，苍老的样子，让我想到，在它年轻时，应该会有人在这里度过一生，会有人从这里背井离乡，也会有人在这里与爱人失散。就这样，花开花落，皆大欢喜即使并不圆满。

热闹纷杂的广阔天地，面对陌生的人与事，在繁华盛世里不知何去何从。常有的困惑无奈，是夹带着寡淡的自知之明，以赶路人的身份赶往下一站。释然平顺，在时代变迁中识别方向，奔赴前程。

长街深巷，有我的纪念。

五月的天

北方寒冷的冬天，有一种祥和静谧的姿态。

他像一枚单独长大的果实，坚硬完好。听不得别人的劝，看不得别人的好。在自己封闭的世界里独占鳌头，其他小朋友会视他为孩子王国中的首领。但在缺少哥哥陪伴的家里，他只是和家中的老黄狗大白猫玩耍。他转动手中的竹蜻蜓，静静地看着它飞上高空，又看到它晃晃悠悠地落下来。一次一次在丧失语言中，他学会了欢笑。看着他的天空，蓝得好看，会有大片、大片的云朵飘过。阳光照在他的脸上，暖意洋洋。只是大部分的时间，不会让这温和渗透在他失掉童真的眼睛里。

爸爸因和爷爷长期闹别扭，决定出去单过。带走双胞胎哥哥，而把他留在爷爷奶奶身边。哥哥被带走的那天，他刚刚为了争一大个儿苹果和哥哥打闹，脸上的泪珠还没有干掉，就看到爸妈已经收拾好行李，准备带走哥哥。

看着他们渐渐远去的背影，他哭喊着要把大的苹果让给哥哥，也承认了是自己任性，并保证不会再有下次。但他诚恳的道歉并没起到任何作用。哥哥仍跟着父母继续走，不住地回头看着这个朝夕相处的弟弟。他此时正在奶奶的怀里哭闹，想要追上来。

“弟弟，你和奶奶快回去吧，哥哥会回来的。苹果你留着吃吧，我的也给你，还有这个。你接好……”

哥哥手中转动一个红色的竹蜻蜓，是他们平常总爱玩的玩具。他们会比较着看谁转动飞得高，他的技术不如哥哥的好，自然也就比不过，但还总是要赖说着哥哥赖皮。

接过竹蜻蜓，看着他们要上车了，他使劲挣开奶奶的怀抱跑到哥哥身边。

“哥，哥。把我的给你吧，我的比你的新。还有这个苹果。”

车来了，他走了。

带走哥哥的车开远了，他在后面拼命地追赶，追赶。像是不会再有这么个人陪在自己身边，睡在同张床上与自己争抢被子；为了不受其他小朋友欺负而并肩站在一块儿；抢口袋里的糖果，吃掉后再用小石子包在糖纸里，若无其事地装作什么都不知道。

剧烈跑动，他紧握着红色竹蜻蜓哭喊着。

“哥，哥……”

径直走到奶奶身前，他撂下行李，心里好似有千言万语，但又不知该从何说起，只问她身体可好。她不语。退化的语言功能，令奶奶的苍老多了一些疲惫。表达不清，可他知道，奶奶多想再把他留在身边，陪她说说话。

家里人很多。哥哥一家人搬回这里与奶奶同住。嫂嫂忙里忙外，照应整个家庭的日常生活。见到他回来，他们叫：“小小，回来啦？”嫂嫂也抱来小侄子让他叫叔叔。他只笑笑，但没个亲密动作，哥哥原以为他会亲亲儿子或是抱一抱的。

他坐在一旁，看着他们生活。奶奶坐在沙发上，再次点起戒掉二十多年的香烟。敲着拐杖，要嫂子做这做那。她关注灶台上的热水，刚刚烧开了一壶，热气还没散去，又准备做下一壶。老人虽已行动不便，但还想着家里的一切该如何运转下去。他用纸杯子接过嫂子倒来的茶，却见到热气中自己年少时的影子，以为是奶奶刚刚蒸好的馒头，送到了眼前。

哥哥在奶奶旁边喝茶看报。侄子跑来跑去，因为家里来了陌生人，显得格外活泼调皮。今天好像是周末，看着他们，他觉得很静。老旧座钟“咔嚓咔嚓”地走着。夕阳西下黄昏温暖。他突然很想回到小时候，以为过一会儿奶奶就会给自己和哥哥做饭。看着小时候的自己，为了挣大个儿苹果与哥哥追逐打闹。他揉了揉眼睛。惊觉时光悠悠青春渐老。

“哥，爸妈呢？”

“爸妈的感情现在很好，是多年吵架吵出来的好。这时候，他们正在散步，妈妈刚做完胆结石手术，恢复得很好，需要下床活动，爸爸就陪着。”他听哥哥说着，心中却很想问问“妈妈生病，为什么没人通知自己”。

“哦！那我再多等他们一下吧。”

晚饭时候，见着父母回来。妈妈回房间休息，她有单独的膳食。爸爸去洗手，他是个稳健的中年人，见他摆弄茶几上的象棋，就与他说话：“儿子，来和爸爸下盘棋吧。”

奶奶轻声唤：“小小，过来吃饭。”哥哥也说“快来，快来”。

他知道这就是感动。多年前，他没细心体会这足以温暖的感动，用心逃脱以为不爱自己的父母。最后回来，才发现哥哥早已承担起整个家的责任。而他在做着什么？一味地清苦，以为走出去就是自己想要的未来。眼见平淡，夕阳一样的自然和睦。他刚刚才想着要去拥抱，可时已晚矣。

他没去吃饭，说与爸爸下完这盘棋再去。他看父亲的手和脸，都觉得陌生，想着这双手可会是自己牵过的？这张脸可会是父亲的？看着父亲吸烟，又注意到他脸上的皱纹，对他说："您以后最好少吸烟，什么时候才是个头呢！"

父亲马上摁灭，却想缓步棋，问他是否同意。他没有不愿，只是会说："爸，您不觉得什么都晚了吗？"

妈妈的样子，自然与他这些年没有关系。他只记得躲在妈妈身后，看她带着自己骑车赶路时的样子。想牵她的手，但生疏感告诉他不能这样做。妈妈躺在床上，叫他过来。听说妈妈的胆汁，都被抽干，就问她还疼不疼。

后来，他笑了，听妈妈说："生你的时候才真是疼呢！我的小小。"

听说那是在五月。窗外的槐树花，都好像被妈妈疼痛的喊叫声惊落了。哥哥顺利出生，轮到他，医生却下了病危通知。横生倒仰不易生产，连同母亲也命悬一线。医生问父亲，想保大人，还是孩子？

两个一起保！爸爸的话，那时的语气，吓坏了当时本身就惊慌紧张的小护士。在通知单上签字，颤抖，有力。爸爸眼含泪水，看着瘦小的孩子出世。可他却一直没有哭声。紧紧闭着嘴，闭着睁不开的眼睛，好似在与年轻时的父亲对峙。

"他的命天生就硬。"老人们告诉父母，说他的来到就是给他们找麻烦来了。从他出生时一直不哭就可看出来。爸爸抱过这个孩子，打他屁股。一下，两下，几下之后。他才不情愿地哭出来。

自小便是敏感激烈的孩子。内心早慧，总在不经意间带给旁人伤害。年岁小小时就因不大的事心烦，不愿与别人吐露心声，而躲在房间里不出来。没有哥哥那样快乐，却总喜欢躲在别人身后看着他们快乐。因他想爱，想要别人给予的无限娇宠，却在成年之后，始终不能明确自己可以回报什么？

他才知道，妈妈的这番话会是自己与父母疏远的原因。他已经没有怨言，浅浅一笑，只是希望自己讨厌的性格可以被父母原谅。可妈妈说：“你走得太久，太远。令人寒心，会让父母觉得你大不孝。”

看着妈妈躺在床上的样子。他却反而像是看到妈妈难产时的样子。难过，疼痛，是她想给他这个生命。然而将来的生命路途，他不知道自己是在享受，还是一再地受难。对生命懈怠，而生活，却又未曾让它停止。

家庭于个人而言，不可或缺，密不可分，是心里的鼓励和支撑，是受生活磨砺不言苦的底气。走再多的路，家人也能提供可遵循的行为准则，会告知长大成人的孩子，鞋子脏了，还是可以再洗干净的。

宿命告别

世间总该有一个人，他可以一句话不说，就可以降服另一个人，这就是命门劫数。

那年离别一位男子，悄无声息。

走得太过匆忙，留下所有事物。那天大概是在赌气，抛下全部，绝尘而去。先是乘车，里程超出自己的想象，但她心意已决。

她穿白色的衣服，显出清爽的个性。有人同她搭讪，她有言必回。那一路，她甚至感觉，以往所感受的孤单渐次被填充，并且恨起了往日。

以往她时有孤单。男子告诉她，每个人最终都要回归孤单，就像降临这个世间，又会悄无声息地走掉。

那时她点头微笑，待他走后独自哭泣，泪如泉涌。爱情果真在悄无声息里消失，她也幸免不了。其实她曾试图努力，只要他的陪伴。对方平时忙于事业，陪伴时显得心不在焉。她当然不傻，于是就在心里作出决定。

下了车，是北方的山脉。雪落，光芒即放。她无奈耸肩，仅带来的那件外套被雪打湿，一身透凉。那位路上与她滔滔不绝交谈的人，中途和她说了再见。

行人大多结伴。这时候她还碍于面子，并不去打听留宿、温饱之事。直到白雪刺痛她的双眼，白色衣服已经黯然失色。这时候才顿感心中空洞，回忆里全是他为她所做的事。那些年只要结伴而行，她只管带好自己，琐事早已被他安排好。

她并没有想到，竟是一场悄无声息的告别仪式，让她突然明晓，生活始终都归于平淡。

她回去时，赶上他留在家里。悲恸万分，相拥而泣。他说："你走后我一直守在这里。你怎能就这样悄无声息地走？"

她还是想同他说再见。这么些年，她感到平淡无奇，常常独自咽泪。但她最终只回馈他一个深切拥抱。面前男子眼神坚定，眼波流转，却已不再拥有当年的脸庞。

自那之后，她选择了快乐。培养一些爱好，心灵得以充盈。他回家时，她笑脸相迎，比白雪的光芒还要莹润。

他们之间，再无告别。反倒和愁绪说了再见，生活渐次和谐，他言她笑，流光溢彩。

愈是悄无声息的方式，最后愈是变得激烈。再如何激烈的方式，都不如温暖的告别。只不过宿命里会有千千结，路过一结，放开一结。

岁月像是一个自由落体，从头至尾，呼啸着踏过青春。稳落在地，洗去离奇、张狂、肆虐、不羁，以及更多个无所依从。

她终于觉悟，即便来得及告别他，却来不及告别过去。

他回馈给她一个惊喜，带她去了一个空旷的地方荡秋千，那里接近天空，时有回音，而且只有他们两个人。他们的话音小时，却被天空无限放大；他们的话音大时，仿佛是不可一世的温柔。

逆光隐没她的脸。回到故乡的时候能够久久念着，宿命里这一桩爱情，再无告别可言。

爱慕三分

Jenna是小镇里最优秀的摄影师。

如果一辈子只有一个理想，那么她希望，她从未带给过他人不幸。

再次搬到这座旧式的干净阁楼时，房屋的对面已经换了新的主人。Jenna的天台玻璃上，似乎还有当年曝晒照片的痕迹。她的长发，从颧骨间泻下来，透彻的美，似是临摹的旧模本。晴天的晌午，有阳光照进来，一片一片的碎斑，构成了光与影，那几乎是她的整个世界了。

她觉得，假如爱只能被切割，那么除了给予相机胶片外，她还可以忍痛让出三分来，给一位多年来带着她行走的男人。

他是Jenna父亲的战友，Jenna的家庭在部队遭遇变故，他便带她走了。他是个相貌年轻的男人，他带着她走了很多地方，终于在璀璨澄明的上海落下脚来。

Jenna没有继续学业，他为她买了相机和大团的胶卷。照什么？老旧的木房屋，笙歌的大上海，还有他的脸。很多人猜测他们之间的关系，但她只关心那一团胶卷此生能不能用完。她也会尚存稚气地笑，反问他说："背着这样的狐疑，我是不是害你不浅？"

Jenna的猎奇本质，自此开始。

男人谋了一份稳定高薪的工作，园林设计师。

在Jenna心中，他是再优秀不过的男人。她将他的相片用金色的条绳串联起来，挂在宽阔的天台上。他下班以后对着她笑，说自己怎么无缘无故被当作衣服晾起来了，会随风刮走的。Jenna这才将它们收起，镶嵌在玻璃窗间，他看着她拍摄的不同角度的脸，有明显的深褐色胡须，也会自顾地笑自己老。果真在第二天，他刮掉胡须，却明显有青色的胡楂儿覆盖着下巴。Jenna突然欢喜，日子素常且美，她原本也以为生活就这样恬淡下去，直到有一天，他带着女人回来，而Jenna，也有了她的新猎奇。

Jenna离开了，打扫了一遍天台，留下一张手写便笺，简单地注明了四年之余的感谢，她没有留下什么，反而带走了那台重载照相机。

乌镇是个可以疗伤的城市，十月向来人如云密，Jenna坐上去嘉兴的火车，置身在人来人往中，像是奔赴自由的舞者。

Jenna成了乌镇年纪最小的摄影师。自清晨到日暮，梳洗，拍照，观景，晒谷。似乎有着无限意义的事情皆源于自食其力。她在一个满是雾霭的清晨，装上行囊走到小巷的终点，便看见了他。指尖弹着一首很老的歌。

今夜我依然在路上/依然在盲目地张望

那变得腐烂的理想/正在我身体里消亡

Jenna站在他的背后为他拍照，隔很远的地方，周遭行人各异，表情或诧异或投入，她向来习惯以映衬的方式突出表现对象的宏大。终于在一个人群离散的傍晚，他悄无声息地站到她身旁，轻拍她的肩膀，说：“姑娘，我就在你面前，拍正面吧。”

Jenna咧开嘴笑，遮掩被发现的尴尬，太阳站在山尖，她的头发被染成金黄色。肃穆，顽皮，他们就这样开始了默契。

Jenna买了新的数码相机，找她拍照的人会路过他唱歌的地方伫立聆听，再会意散去。

除夕之夜，在市肆里兜转，他对待Jenna的方式仍一如既往的阳光温柔。在一座能够俯瞰低矮木屋的亭子里，他放开蒙着她瞳孔的双手，说那是他发现的别人未曾到过的地方。他问她：“你可以看到这个世界上所有的自由吗？”

Jenna点头，说：“在我心中，所有的自由都像花儿一样在行走，如你，如你的吉他和你的歌。”

那个夜被她深藏心底，分不清星月和灯火，如羔羊般迷失在无尽的幻境里，他的歌涤荡如水，她的爱根生叶长。

傍晚的时候他会等Jenna，有些日子没去摄影，相约总是欢喜激动。他总是微笑，阳光里带有疲惫。认识了这么久，他们竟然没有问过彼此的背景。

临近千禧年，他送她一颗神奇的种子，种在亭林深处。她换上干净鞋子走到亭脚，就看到了坐在上面谈笑正欢的人。Jenna的泪水刹那间涌出，那些鲜活光景似被别人占据，如果我离开，你会不会和我一起？

Jenna后来才得知，他的城，就在这里，吉他与歌，只不过是他梦想的安逸。

遇见琳子，是很意外的事情，Jenna在飞机上捡到了她视若生命的东西。琳子笑容爽朗并朝她道谢，用浓重的东北口音问她坐在哪里。

Jenna指了指她的旁边，然后看到她的脸开始绯红，竟有些不好意思。

Jenna从没有和一个人交谈到喋喋不休的境界，抛开往事，乐此相知。

“有没有人说过你的眉毛稀疏，里面有一颗不明显的痣，是代表眉里藏珠，非富即贵？”

Jenna不禁喜悦，对一个邂逅之人赤诚心扉。不掩心事，倒不如同路相行。就这样，她跟着她回家。如果有一处住所，谁又甘于漂泊？若成就富贵，甘愿陪同度日。

哈尔滨郊区，琳子睡在靠东的一间，让给她里间的大屋子。

Jenna会激动强调：“琳子姐，你是主，我是客，你这样带一陌生人回家，又主宾倒置，不怕吗？我是个猎人呢，小心我把你的财物卷了去。”

“好啊，你尽管猎吧，把大富大贵都猎来。”

Jenna眼角湿润，其实她只是感动，那是发自肺腑的话，假如她总是幸运被宠的话。

琳子进入了上班状态，而Jenna则是继续自由摄影，她还是偏惯于带有胶卷的相机，让她从底板里看到黑白分明的样子。

琳子说：“自你来到这里，年后居然没有下一场雪。”她说这些话的时候，她们已经熬过了气候恰好的夏天了。

琳子买来耐寒的绿色植物，由Jenna在家里打理，叶子相互对生，断面黄白。Jenna拿着相机从不同角度拍摄它的圆瓣，冲洗出来竟如同怪物。

下一年冬天，Jenna迎接了她人生中的第一场雪。她看着琳子，心生爱戴，友人如此，定当恩至。琳子瘦削的锁骨藏在宽大的羽绒服里，爽朗笑容，那是她的坚强。

那个晚上Jenna抱着被子跑去她的房间，她嘴上毫无顾忌地损着，却挪出很大的空间让她放下被子。起风的时候，她为她掖被子，恍惚中可以听见她的呢喃："如果我的妹妹没有和父母远去天国，大概和你一样懂事了。"

泪水无声地顺着Jenna的脸颊流淌，像化在心里的白雪。

冬天过后，Jenna去算了命。那是在琳子去世半年之后，她从房子里搬出来已经很长时间了。

"你的眉毛很稀疏，有一颗不明显的痣，是眉里藏珠，非富即贵。"

她的耳边一直响起她清脆快言的声音。是的，她死了，死在了工厂的一场大火事故里。

算命的先生说："眉中生痣且眉毛稀疏，你的生命里有一场火险。"

Jenna走在无人的大街上自嘲地笑，为什么偏偏不是她？她甘愿只身一人与你相伴海角天涯。

Jenna没有等到冬天就离开了，带走了一盆万年青。她怕在下一场大雪到来时会万念俱灰，因为整个世界，再也没有那个陪她在雪中起舞的女子了。

她投去深圳的摄影作品获了特别创意奖，相片里，她看着这个回眸时凝神淡然的男子，笑了。或许，Jenna是一个猎人，适时出现适时离去，她在列车上，一路向南。

有人说："回忆若能下酒，往事便可作一场宿醉，醒来时，天依旧清亮，风仍然分明，而光阴的两岸，终究无法以一苇航之。"

多少次，他在黄昏后陪着她去散步，她轻牵他的手，头发散在有

着夕阳暖暖的风里，余烬的光芒包裹着这座城市。Jenna拍下墙垣，天际，植物和卢谂，是，那是他的名字，是她绮丽生命的开始。

胶卷就快用尽了。Jenna在山谷看着琳琅满目的莨菪花。

人们在互不相识的晚上道别昏黄的野草，低矮的山坡，红枫傲放。她看见土坡的表面漫上干净温婉的草池，流溢出色彩鲜艳的灵光，归溯于脑海中旋涡状的流浪，包裹了所有的温暖和生命。盈盛的夏天忽然就失去了踪迹。

这一年，Jenna在香格里拉。她觉得拍摄要像热爱每一个地方一样。大自然的秘密里住着如风的往事。

遗忘可成歌，情动难有时。

Jenna租了一间屋子住下，她已经会做很多美味的菜肴了。在一家摄影基地供职，协助他们策划摄影展览，偶尔也作为首席摄影师出席整个会程。其间总会有名流夸赞她的天赋，她也早就习惯如何对答，笑不多语。

直到那一天，她在展会歇息的时候，拿起抽屉里前几周的《云南日报》来看，一分钟内，倒在了千百人的典礼准备中。

从医院醒来，她见到被半块版面占据的醒目的“寻人启事”，泣不成声。

寻找：我生命里最爱的人。

寻找原因：因五年前负气出走而至今没有音讯。

外貌特征：大眼睛，偏黄发质，格子衬衫，擅用单反相机摄影。

请热爱旅游的朋友们多多留意，如有消息提供，请联系××，电话××，必有重谢。

2004年×月×日

附录：

怀念被阳光稀疏的日子

作为读者，你们可能不知道，一个煽情的老男人写下这样的文字是出于怎样的心境，如果不是用生命来爱，文字也不会深刻到爱与痛的边缘。

我和珍娜相差十七岁，当她十五岁的时候我带她栖居在上海，过着简单而美好的生活。她是个漂亮的女孩子，经常蓬松地扎着两条辫子，她喜欢黄昏的阳光，大概看着被阳光稀疏的影子，有着欢呼雀跃的表情吧。

在她十五岁那年，我给她买了相机。她习惯用长长的胶卷浪费地拍摄我的样子，然后讹我冲洗出来贴在天台的玻璃窗内。最初的时候（洗相）修改的师傅经常会说，这一定是个淘气的孩子照的吧，把你的眼睛、鼻子，嘴巴照成歪的了。我那个时候会在心里想，只要她开心，怎么都好。

我时常在傍晚载着她转上海的街道，仿佛那是她的乐趣，而我从未感到累。我看着她拍摄被夕阳染成不同色彩的云朵时咯咯笑的表情，不禁暗自感叹，这个小姑娘什么时候长大呢。

她的相片第一次得奖时，她蹦跳着抱着我。大概像是所有女孩子的依赖一样吧。依赖也好，不依赖也罢，总之她是眷恋着我的。

日子过得飞快，第二年的年末，因为我的善举而导致了她的离去，当时我以为她只是负气，毕竟十七岁是个叛逆的年纪。然而，她再也没有回来过。

我辞了工作，找了很多地方，连点头绪都没有。二〇〇〇年的时候我查到她获得过一次参展奖，是深圳举办的，但赶到那里时，由于没有通讯的关系，还是与线索失之交臂。

我整理了你的作品，亲自去厦门定做一个精品撰本。如果有幸你能看到我登录在各大报纸上的消息该多好。那样子等我回到家中时，你就可以为我打开门了。

我的小姑娘，你到底在哪里呢?

你知道我在等你长大吗?

你的卢谂

她的泪水滴在报纸上，打湿了上面的铅字。多么不该，五年中没有捎给你任何音讯。

Jenna在电话亭里，拨通了那串电话号码，然后屏住呼吸。

“喂，你好。”

“卢谂……”

她有些虚脱，她的软弱被另一端急切的呼喊包裹着，听筒里不断重复着：“是你吗？是你吗？珍娜……”

Jenna拼命点头，可是他，看不见。

他说：“你听着，我现在在厦门，你先回家好吗？你回去在家里等我，我过几天就回到上海，我们再也不分开。”

八月的末尾，Jenna回到了上海。

阁楼里被打扫得干干净净，只是天台的相片被抽空了。

她的房间放着卢谂亲手种植的相思豆，叶子纠缠，蜿蜒茂盛。五年了，它们也长大了。

打开冰箱看到很多已煎好的荷包蛋，都是双份的被冻在里面。Jenna忍不住哭泣起来，卢谂，你还是如此习惯地吃晚餐吗？

八月五日，Jenna接到他的电话，电话里说明天中午能够到达，正好为她庆祝生日。

八月六日，Jenna接到航空公司的电话，要回来的人永远回不来了。

八月十五日，Jenna收到了来自厦门的包裹。

那是一部摄影作品集，Jenna走过的地方和他后来到过的地方，其中有多张人群背影竟和她那么相像。扉页上，用带花纹的大理石拼成：

我在等你长大。

也在等着和你一同老去。

Jenna回来了，却永远地失去了她的卢谂。

这世间的爱，难言公平和对等。

万皆寂籁

话剧

那是下午茶的时间，约朋友看一隅独舞的情景剧。

袁泉和王洛勇版的《简・爱》。那天，灯光暗下来的时候，全场座无虚席。

舞台上缓缓出现一架钢琴和一只精致的行李箱。简・爱轻轻走上舞台，手指抚琴，音乐响起，故事就这样开始了。一座肃穆庄严的桑菲尔德庄园出现在观众的视野里，晨雾散开，那是百年前浓重的英伦印象，就这样入了众人的眼波。

每个人的心中都有一个简・爱。她独立地演绎着、爱恋着、悲切着，像是一朵花生长的过程。

经典的东西始终有它独特而持久的魅力，比如简・爱和罗切斯特被铭记百年的爱情。它是精准的，跌宕起伏，有爆发力的。仿佛你就是她，她即是你，你就在失落、压抑、痛苦、烦闷、绝望之外，赋予了爱情另外的新生之力。

接近尾声的时候，舞台上剩下一场大火过后的庄园，一棵落英缤纷的秋树，一架古香古色的钢琴，一条漆色斑驳的长椅。她和她的爱人就幸福地依偎在长椅上，在舞台的旋转中渐渐隐去……

简·爱说：“你以为我贫穷、低微、瘦弱、不美，就没有灵魂，没有心了吗？你错了！我跟你一样是有灵魂的，也有一颗完整的心。”

她的内敛沉着在这一刻化成绝美动力，那一刻，所有人都屏住呼吸。

琴瑟相和，万籁皆寂，开始有人陆续哀恸。我潜在不明显的位置，一个人执念其他。那样的时光带给我，独自欣赏的乐趣。时间越来越多地敲打着善良。它来时，我在心中高歌、鸣唱、吟哦。它走时，我又恢复原始的清欢与寂寞。

后来我不记得看过几场话剧，再也没有带着殷切企盼的准备，也再没有携带一颗沉淀稳妥的心。

袁泉说《简·爱》对她来说是个梦寐。我想它对于许多人来说，是种无法复制的铭念。大多女子心里都有一座童话城堡，植入到现实生活里，过滤之后的理想境界。就当作完美主义的衍生，带有这样的理想的爱，仿佛一开始就看到了终老阶段的相濡以沫。

感谢心中充满期待，才能反过来更加热爱生活。多姿多彩和有意义的享受会沉淀为人生里最丰富的知识，深厚有力，让人神采奕奕。

那天散场后，我故意走得很晚，心绪难平。

和朋友道别后，我往南走。晌午的太阳往西稍稍偏移。过于强烈的光线糅合进我的双眼时，我不知道，到底是需要一把伞，还是一个人。

静默不语的时候，心中的那些桥段总会翻涌，继而刻录成书。记忆婆娑的时候，心中的那些桥段也会翻涌，继而静默不语。

立尽斜阳

当一个人迟暮，自身便散发出毫无察觉的气味，选择性地挑选可以适当抒发情怀的往事作为根由，给予付诸一笑的勇气，能随细枝末节的记录，享受平和安稳的日落。

她常常在街心公园外侧的长椅上小坐，以为最为靠近夕阳。长久地凝望眼前的平实喜乐，玩闹的儿童发出顽皮声响，她会拿出零食分给他们吃。欢笑声此起彼伏，由远及近的身影自由奔跑，她在明暗相应的云影里微笑。黄昏时起身离开。天显得十分空。

近来，他不是很好，辞去了工作，原有的生活没了规整秩序。觉得可利用的时间越来越少，放空一切，进行没有目的的悲伤。对自己产生怀疑，不够有底气在所选择的道路上抬起头来。隐匿沉坠，不常出门，忽略对自己的照顾，可以忍受蓬头垢面，以为是在接受不同状态下的自己。朋友们打来电话，好意他可领受，却在索然无味中暗自扩大没来由的挣扎。积累在困顿期的内心感受，他要获得更为深刻的自我审视，找寻新的发现。一度害怕衰老，一丝不明显的迹象，都给了他不照镜子的理由。他知道，在青春老去之前，完成心中罗列的愿景，已然时不我待，更是需要一点侥幸。

摄影：杨千瑞

日子千篇一律，内心却四季轮回。他相较以往，身体无恙，不过是时间不赶趟，在持续焦虑中，将所有不良情绪堆积一时，仿佛背离先前的自己，背离种种欢愉享受，糟糕到要去否定自己的一切。一墙之隔，唏嘘不已。

他在恍惚中进行思考，得不到帮助，是他选择的生活方式，至少超出其他人的经验范畴。自是希望在某个伤心绝望的时刻，能够有个人出现，悄悄为他带来希望。所选爱的方式也是如此，会在别人厌弃相守之爱前，就已经不被自己祝福了。没有保障，与谁长久共处，承诺也是不会再被提及。不开心，在青春消耗中怅然若失，他不知道在情感世界中，多少才算一切。感觉到颓唐，就以为任何人都会毫无感情地走向死亡。所谓的感情深厚，到了最后，不过就是自己所承望的蓦然回首。

有时候，会对寂寞产生迟钝。缺失了紧要，姑且留白，只好将互为倚靠的端倪暂付阙如。

在这一年中，仅有一次去了现场看球赛。或许身处休滞状态时，乐趣都会消减。他先告知朋友，说他正陷于糟糕的状态里所以要容忍他的眼睛是肿胀的。从工体出来，他们要去簋街吃饭。步行大概半个小时，余兴未了的赛后观感，不时会有人在热闹中分享自己的呐喊。年轻的声音律动活泼，大声喊出口号，跟着就会有人吹着小喇叭应和。这一种外放的喜欢，无节制的表达更为纯粹。他走在人群中，命令自己要融入当中，哪怕是不露声色的清淡，仿佛回到自己的年少时光。

路过地铁站，热闹散去。减少了人群流动，大街上似乎恢复了该有的面目。过街桥，人行道，赶路的夜归人与昏暗的天色共存着。他不常记路只在朋友身边跟着。与朋友相处，他一直模糊性别概念，男性，女性，不过是在两者之间挑选能够记得住的部分作为参考，以此辨识是否可以成为朋友。心地，谈吐，学识，素养。对他可以起到作用，帮他体会不同种人生。

路过几条平静的街，路边的指示牌开始大肆夺目。各家餐厅的立体店标、灯箱广告，前仆后继地显现，路边停满各色的私家车，出租车排成长龙。喧嚣嘈杂，不时鸣响歇斯底里的喇叭声。不明身份的人，呼朋唤友在此集聚。知道此时是夜生活的开始，而这里便是在城市中寻欢作乐的核心。他对这样的生活充满质疑，或许会成为他自认的坏的标准。所谓改善生活质量，却不是从本质响应，有大可不必的调调。男招待的大声吆喝，侍应生忙不迭而过于疲惫的妆容，食客操持各种口音的闲谈，混合粗糙、烂俗的音乐，如同潮水涌动，彼此交织不清，在风中发酵升腾。烟气酒气，霓虹闪烁，他会觉得这样的浑浊，只有随意扭动身体才能有安全感。

知名的店家，菜式口碑有根有据，食客慕名而来。这样的黄金时段需要排号等位。递过来的号码需要等过十几桌，他建议朋友们不必浪费时间。他觉得整条街的餐饮，好坏都在一个档次，没有高低之分，没有非谁不可。其他人应允，他们便有人拿出手机搜索附近餐厅的评分高低或是仔细找寻爱吃的口味。一行人在街上徘徊犹豫着。

座无虚席的露天位子。伞下的人，嗅着下起的小雨，他们的脸在路边树上彩灯的光照下，更加生动。犹如过节一样的气氛，虚伪却美好。他没有过于热衷的事，爱好，食物或是偶像。只是觉得时兴的驻足，依托含糊，无法使人长时间地注目。盲目跟从，参与其中，只是凑个热闹而已，并不能证明个人的存在。

谈论各自的生活。他们情绪昂扬。品尝美味的同时，觥筹交错、推杯换盏。微醺的状态适合排解不快，言语跳跃，话题都有往后的接续。这是他喜欢的方式，会在他们面前表现轻松，姿态神情悠然自得。不闻其详，对于话题的争论部分，他暂作阙疑，以好承接各自的交代。给予生活太多的浮想联翩，投入热情，矫饰一切能够选择的外在表象，行踪浅易。卡路里、健美身材、时髦装束、明星偶像、电子产品，一系列与生活相关的话题都可以拿来讨论。他只默默点头。

常在一起的朋友，与他私交甚好。即便他们心劲不一，也并不认同他清心寡欲、不够成熟的处世态度。尽管他有阴晴不定、忧郁自负，不分场合堂而皇之地带给他人沉重负担等诸多的缺点，但他的朋友还是会劝他“人生不过如此，何必总是不开心”。

持续近两个小时的晚餐结束，他道别，不再随他们去哪里坐坐。微凉的小雨，霓虹灯湿漉漉地闪烁。醉酒的人三三两两蹲在路边，情绪失控地在树下大声嚷嚷，身子晃动，衣服沾染呕吐物，不堪的样貌影影绰绰地倒映在积水里。满目疮痍，他站在路口打不到回去的车。真实生活，如同夜空中炸裂开的烟花，震响之后，绚烂随即消逝。留存的青春纪事，会在记忆虚实不定前谢幕。心中持有合乎规矩的执行步骤，才是正解，才不枉费，才可对自己的行为埋单，并且甘愿。

他总在黄昏时出去散步。在公园里与她结识。他穿行熟悉的街道，与相熟的邻居打招呼。她不认识他，可至少总会看到他在公园里喂流浪猫，便主动上前打招呼，叫着他："年轻人，请你过来。"

他也是亲切回应说："您好，常常见到您来这里坐，是刚刚搬来不久吗？"

对话从他为什么总在这里喂流浪猫开始。他告诉她，当初他想在这一窝刚出满月的小猫里选一只带回家去养。便用食物当诱饵，放在一群小猫身前。因为陌生，它们警惕着一下子都跑开了，后来，只剩那一只现在留在身边的小猫，它跑了没多远就转头回来。可是这里的猫又是它的一奶同胞，他不想见它们死去，所以才常来喂它们。

不多久，从远处走来一位老先生接她回家。就此别过，夕阳短促。年迈夫妇的身影晃荡几下就消失在阴暗的树丛间。回想她的话，各有各的命。一只猫也不外乎如此。

她说："人生变幻之一瞬，诸行无常。荆棘遍布，投身试探，生活要怎样过，不会有谁来提供准确答案可以令你参考。还没有明白的人生，不需要猜度即将要发生什么，亦是无可度量已去的事情会在此刻进展到怎样的程度。拥有实践的勇气，与幻妄角力，此消彼长得以正身，才能知道自己的需要，也就不会惦记自己该是如何老去的了。"

他在回忆中醒来。然后离开。

摄影：GT君-2013

两念俱清

幼年时眼睛里盛满的兴奋如果持续到成年，就会成为一种习惯。我的习惯就是看着飞机在空中来去。

长大后乘坐飞机，内心和着起飞时的巨大轰隆声，会跟着从躁动到空灵。在我眼里，落地时它给我带来归属感，一次次翻新。

人们常会在乘坐公交时思索，或是赶一个急迫的通告时，或是奔赴一个重要的约会时。思想在有限的时间里呈现，然后推翻，再呈现，终于形成结果。这样的结果，便是人的心念。而我这里说的两念，并不是一念生，一念死，而是一念旧思，一念新知。

对于正常日期工作的人来说，“五”这样的数字具有独特欢快的节奏。夏季，星期五的傍晚，即将结束一周的疲惫，人们好像在等待一场隆重的宣告，抑或是在等待大雨将至的时分。在高档的别墅区工作，晚间微凉的风，吹动低矮花草。清闲的同事去抽烟或闲谈，不时传来三两笑声。他们的兴高采烈以阵势化的形式显现出来，最先结束工作的人就最先拥有优先的资本。

当然，对于初学者或能力受限的人来说，总会觉得任何事件的耗时都大于预期。这样的难度，在最初产生念头时被精神压迫着，产生两种结果。一则将念头扼杀在萌芽里；一则随时间的转移，事情变得开阔而再无紊乱。练就一身本事，无非就是反复攻克难关的结果。

混沌也会时不时跑来作祟，就像难以摆脱的坏情绪。

每隔一段时间，总有一天会彻夜难眠。不是焦虑等待入睡，而是注视一个清醒的自己。会将各种念头一一陈列，混沌状态由此打开。理想与现实生活似乎成为其中最大的矛盾。有时也会为不得志而沮丧好久，像年轻的冒险家一样，皆因对理想有着不可泯灭的激情，而它的无可替代与现实构成的反差近乎相反。天快亮时，告诉自己“我们不是自己以为的那个人”，想到这，便觉得浑身轻松愉快起来。长时间的平凡最易消磨志向，每个人或多或少都会对反复性的事物感到厌倦。

那么，就保持“自己不会讨厌自己”的那种新鲜感吧。想改变，又恰恰能够被改变，是一个人对自己能做的最好的事。

很多次清晨，在公车上瞧见外面刚刚流动的风，清冷凛冽。那个时候一切外物都是相对安然的。比如说，安静的摩天大楼显得无比冷清，指挥交通的警员穿着臃肿，大千世界一个接一个的名人靠着某种渠道一刹那红了起来。再比如说，岁末冰冷，残垣遍地，我在某个夜里发神经地去机场看飞机犹如战舰一般落地。

夏季到来的时候，那些穿银色西装的男子，很少再见了。或许也换上了另一副行装，走在了时代的边缘。或许已经过了一个冬春的劳碌，渐次走入享受姿态的流金岁月。我对他们投递热爱的目光，是因为他们身上会流露出某种别致的姿态，真诚的，踏实的，魅惑的，独特的，可以一眼看出生活的样子，令人趋同。那时候总是想着或许他会喜欢一只猫，一株绿色植物，一个身着麻衣的“森系”女子。在那样的生活里，再也不会出现过多喧嚣。曾经不知道何时才能找到的源源不断的快乐，也在生活的富足和爱好的延展里迸发足够多的乐趣。

在飞机上度过24岁的生日，第二天恰逢母亲节。落地时走进花店买了一束香槟色玫瑰，那是第一次送花给妈妈。开门时我们四目相对，那样的感觉，是“暌隔庭闱，瞬已经月，孺慕之情，与日俱增”的写照。

母亲在我睡下时轻轻地说：“这样在外劳累，辛苦的是你。你要记得，不去计较太多，会活得更快乐一些。其实人本是无欲无求的，都是世道左右了我们。”

有时讲到苦楚时，我会不自觉地啜泣。那种酸痛感果真可以从胸腔里发出呛鼻的味道。这一切就像晚间的小雨不声不响地下起，雨幕中是疾走的人群和不慌不忙的我。所有靠近幸运与幸福的日子迟迟没有展露的讯息，但许多事情依然没有因气馁而荒废。人们追求的事物太多，感到万分疲惫，直到后来才想到，本真的我们或许只想做一个与世无争的人。

我在纸上工整地写下：

在心里种一田阳光，等日落了，我披着星月去收割；
在弥忧之前，撒下一钵的欢喜，我在花开的地方等你。

日月相兼，其所悠悠。有朝一日，为你植花种茶。
似是惊扰了一场长梦，机舱开始黑了灯。
睡前，云雾苍茫，热泪盈眶，一思骛八极。
醒来，暮色式微，天际泛光，两念已俱清。

长街深巷

她并不是第一次来到这座城市。她像在这里生活多年的人一样，能够轻易地找出捷径。她爱这个城市逶迤幽深的长巷。深巷里一砖一瓦，都能激发她生生不息的热情。若是恰逢阴雨，她也不忍舍弃这条必经之路。于是只得小心翼翼踏足，避免那坑洼里的泥浆溅在衣衫上。

她对这座城市的印象，颇为良好。那些断裂的过往里，鲜有这样使她停顿的地方。或许是这条深巷，本身就多多少少蕴藏着，她所迷恋甚至痴爱的东西。她喜爱穿着雨衣，明黄皮囊，帽子上软趴趴立着两只猫耳。空荡却憨傻的模样，倒也不会让人觉得蒙昧无知。所有的既往不咎，在朦胧纷繁的长巷，好似高吟胜利的战歌。

然而她喜爱这长巷并非没有缘故。

或许人总想避免孤苦，所以拦截那些妄为虚渺、疯癫失常的事物。灵活的动植物会与人形成互动，而这条巷子自有以来就是这般模样。种在它周围的马尾草，历经了几十个春夏，印象里被人点燃过一次，却也没能根除。如今她走过的狭窄地方，它们正繁茂地生长。

她是一名职业导游，经过重重历练，人很沉稳。她走过天南海

北，眉宇间从未有过半分惧意，是实至名归的勇敢的带路人。但每每来到这里就变得不同，她恢复素净高雅的模样，在这古朴苍老的深巷里，像个虔诚的信徒。

她只爱一种零嘴。煮好的豆花搁在碗里，撒几颗油光的花生、炒透的黄豆，再淋上鲜美的辣椒油。添些许中意的作料，最后撒些剁得细碎的葱花，便可以吃得酣畅淋漓。她钟爱这蜿蜒的深巷，因为这深巷之中藏着她钟爱的豆花。

人会有突如其来的想法，它会让你立刻显得匆忙。她习惯任何事都亲力亲为，倘若与他人共同做，哪里还瞧得出半点踪影。亲制这种

摄影：大漠孤烟

零嘴吃食也是一样的道理。她知道豆花是灵动的，可她终归是参悟不透这巷子的心性。倏忽之中，惘然而立。她靠在墙壁上思考，吃下一口美食，原有的匆忙感在这条巷子里沉寂下去。

她也会遇到突如其来的变故。所有罔顾的名目，似乎都由不得人为操纵。莫名降临的事，如同浑身长鳞的鱼，光滑游行。她总是不慌不忙，找到解决事情的出口。她觉得是这条巷子教会她宠辱不惊的心性，原来她猜不透的，都会在遇到变故时流露呈现。好似一场场安身立命的游戏，至此，她都一一参与并安然结束。

她最后一次去那条长巷，是许久之后的事，骤然下起大雨，她一袭碎花长裙湿得别致。墨发亦是沾了雨水，滴滴答答依在她略有淡香的身体上。而她远山薄雾般的眉眼愣在当下，无论旁人怎么呼唤，也不挪分毫。她看着这里的一切，想起了过往的诸多景致。

曾经长巷幽深，不过阔别已久，却已是破砖烂瓦一堆。尽管头顶染了浅灰的天，没有多少变化。不知怎的，她竟号啕大哭。任土腥味浓厚的雨水与咸湿的泪，混淆成一体，久不分开。

自此后她再也不曾踏足这座城市。不知是觉得那深巷遗失得太过可惜，还是对她热爱的豆花再无兴致。终归是将这长街深巷搁置在了心底。

任风雨再来，她终究无法归去。

电台

Hz，赫兹。

曾有一个电台，不间断地叙述故事。苍茫人海，内心潮湿。欢迎光临我的电台。

钟爱收听电台的人，都有着自己的心事。

那架古老的收音机，至今摆放在父亲的书房里，确切地说那里更像是一间丰盈的储藏室。某天，父亲问我是否要扔掉一些闲置物用来摆放鸟笼（父亲热爱养鸟），我才再次踏入那间许久未进的屋子。

抖落罩布的灰尘，插上电源，按键。我幻听一样感觉里面汽车引擎般地奏响，嗞啦，咔嚓，恢复了原来的样子。我自知是无用的，它已成为一个沉淀的物品，仅仅是作为年代的产物声明了它的厚重而已。我平静地去擦拭它，故事即刻光鲜起来，只是斯音已不在。我曾有过一个秘密部落——那是再快乐不过的时光——我们殷切地奔向它，热爱它，它在FM90Hz。

幼时对事物的疯狂喜好，或许仅仅关乎年纪。庆幸有人和自己有着同样的爱好，它不同于嬉闹的游戏，录音盒子里藏有无限的魔力。斯音的声音，如同她的名字一样。此音，空灵，沁心。我们在FM90Hz开设“指针90°”栏目，起初是斯音的堂哥推荐试用，台长欢欣鼓舞，这样的决策令电台播音人员瞠目结舌，我们的名字也由此被熟知。

我的声音磁性沙哑，斯音的声音却是清脆的。很多时候，我们像机智对话一样阅读台本，很多时候，又像是在演绎故事。少女的感情在电台里丰富，也在自然生态里滋长。斯音留着清爽的短发，热情，俏皮。遇到一位忠实听众，每晚按时留声。我知她对电台的乐趣，开始衍生出一种守护。只有很短的半个小时，斯音播报结尾：各位听众晚安，明晚九点我们再会。

长此以往的互动，织出一个巨大的团状情网。电音更加深得人心，听众在个人时间守着他们的一方世界。情感像躲藏的猫。她有了史无前例的温柔，而我们曾希冀发生的小小故事，却终于没能持续下来。

小小的院巷，小小的少男少女。小小的电台与来历不明的爱。

电台里开始播放更多的寻人启事。一份模糊的描述和久时久地的空守。电台播音人的讶异和困扰，以及我知道的小事。

今年下了一场大雪，异常厚实。穿再厚的靴，脚都会冻得通红。在雪里奔跑和游戏，却缺少一位共同走过多年的伴友。去她床边叫醒她时的起床气，去她家共同复习时的温馨情感，都已全然一空。

电台里循环播放Canon in D（D大调卡农），欢快流转，跳跃起落，没有人问及的始末很快就销声匿迹。

那是一个深冬，巷口堆满梧桐的落叶。斯音离去，电台形同虚设。我也因为学业没有再继续。

摄影：GT君-2013
模特：夏梓浠

有着别致的名字和纯真的孩子气，直到你成为一个美丽姑娘，再来目视这个你曾路过的地方。我亲爱的斯音，长发到了腰际，声音极致动听。你娓娓道来，深夜成为长长的白昼。古老时钟敲响九下，细发掖过耳际，你轻轻抬头，这是我们十年后的会面。

深谈后，庆幸她的家庭得以圆满。幼时的一切经历仿佛从未落在她的记忆里。我却记得那年她在母亲拉扯下离开了住了十多年的家乡，种下的仙人掌正开时，她频频回头的那一刹。瘦弱如斯，情感饱满。

如今，斯音归来，电台记忆早已瓦解。

被动人质

认识一个人，是从陌生到熟稔的过程。兴致浓时，会谈到捧腹大笑，即使是俗不可耐的事情，也可笑到内心恸哭的极致之境。这就是友谊这类情愫的无间与珍重。

然而，她是特例。多少年间，很少见她笑过。外人说，她是有故事的人。只有我知，她是有秘密的人。她心里的秘密一旦被窥视，结果大概会变得糟糕，意想不到的故事也就即将展开。

这就是结识一个人，独特的乐趣。

了解她对自我的认识与肯定，就会知道她的处境，并且为她所作出的努力与尝试感到欣然宽慰。对于朋友间的交流，她是付出的，甚至有些逆来顺受。在某一方面，她更多选择附和他人，在她的概念里从不强制别人按她的路子行事。时间久了，她在人群里周旋，听任于人，也就渐渐被人忽略了。

忙碌中的人最易顾此失彼。长期的惯性，无法过渡与平衡思维。三维空间难以应用，思维受限于两点或平面。他人却能看得清楚，并非那人的不情愿，不过是习惯使然。于是，她开始忽略别人。默默地打点对未来有益的事情，细致入微，总好过表现出哀怒甚于喜乐。不觉间通晓对自我利弊的两相兼得，在尚可眺望远景的时光里。只不过虽这样说，她最终并没有将她的喜乐笑谈展现出来。

后来，终于理解了她经常独自念叨的缘故，她说：“人生来就是寂寞的，无论怎么都不快乐。”我则欢颜相劝，只想留给她更多动容到心弦的暖意。她终于笑了。我看到笑容里她的强大，放着光彩，仿佛我触摸不到她逐渐扩大的胸怀。她起了身，穿着狭长的大衣走入了风中。她说：“一个人维持自身的境地本非险境，热爱冒险的人最终会自食其果，独乐亦众乐。”她恰好就是这样的一个。她将把手贴近心脏，雨伞、手套、长衣、手提袋分别是深红、白色、棕色、墨绿。她没入风雨里，像一位女战士一样。她终于在独自平静的源泉里觅得佳境。而那些忽略她的人，怎知这一刻她的怆然。

这一生，人都在做着选择。外人只知那友谊的无间，却不晓其中的波折。我和她这一路的竞相理解，不易，难舍。她说：“即便如此，相爱，却一定要始终。那是一个人千山万水地赶来，赴你此生最后的誓约。”要她辜负或退却，是比其他更难的选择。

溯源她心底的隐匿，是为了一位爱人。她的那位爱人可以令她秀外慧中，甘愿接受主客观因素带给她的变动。她这样被动的人，是个地道的理想主义者。

她的神秘人终于出现。然而，带给她的却是一场离别。她仍穿狭长的暗色风衣，却留着自信的长发。他们说着再见，她仍是点点头，只身做一个机场里送行的人。

她败了，也笑了，笑容里掺杂苦涩。她的终无所得，在于她对一个无从拒绝的人，丧失抵抗力，最终连分别都会变成心间全然的顺从。

可能会埋怨岁月的溃烂与长久。这是她长期蛰居的最后印证。她将事情的结果以最大的承接心态潜在她的心脏里，越来越深，再也不明欢乐和笑意。

这个人永远是被动的，就像一个人质，被他人摆弄着局面，最终成了一个毫无灵魂的躯壳。

凭阑悄悄

一部小成本的数字电影，名字记不得了，只是在这黄叶堆积的日子里，突然想起来，感觉依旧正当时。

“秋天树上的叶子是听声音而凋落的。”

他说完，便要她学着自己的样子跟着一起做。抬高双手，他一下两下地拍着，而她却是害羞得不肯拍手。很多个秋天过去了，她的身边不再有他，却经常不自觉地走过这条街。带着孩子经过这里，停在大树前。她仰起头，抬高双手，拍起手来。一声，两声，数不尽的拍掌声。突然，她的眼泪止不住地流下来，只因漫天散下了绵绵层层枯黄的回忆。

这里有一排一排粗壮的树，在它们身边会有多少故事发生？人间故事，在树的身边发生，但第二天，就会被遗忘，而这些树，还会站在这里。人世间，把生者和死者隔开的是什么？把相爱的人隔开的又是什么？它们有什么差别？一切不过都是瞬间就可消失的灰烬。嬉笑的小孩、树上的叶子以及一只正在树根部抬腿撒尿的友善的狗，他们的结果，又有什么差别？

她结婚的时候，芳龄正好。两条小辫配着姣好相貌，似身上的碎花汗衫一样可爱。道别母亲，她坐上父亲拉着嫁妆的马车。她抱着包袱，挥手向跟随马车走了很远的母亲道别，看母亲一直抹眼泪，她转过头去。

婚后的生活没有预想的那般美好，日子也就在夜梦中一天天地憔悴下去。时常与丈夫产生矛盾，然后激烈争吵，她觉得丈夫与婚前判若两人，可又不想究其原因，决定让自己的一切选择都算了。但她并不怕被黑色旋涡吞没，总是希望自己努力的生活，能够在最后换来些许回报。

她的婚姻，盲从父母的决定，她不可推脱。婚后生活，似乎不像样。在她看来，不过是一纸婚书，就可以证明她能与身边的男子共枕眠。她知道，这样的婚姻并不需要太多幻想，只要懂得与一个并不相爱的人相爱就够了，哪怕是为了父母。所以，诸多幻想，她抛弃，渐渐习惯了这种生活，也就忘掉自己应该去爱的人。

日子久了，一切也就自然。看着儿子茁壮成长，她好像也多了些快乐。可是，虽然与丈夫在一起共守，但这之间的温度，犹如火焰渐渐熄灭，已经无法调试。她更是逐渐对生活失去了热情。平静得没有任何对现实地张望，只有悲凉的基调。唯有在夜里，独自享受着月光带来的情伤。

濒临崩溃之时，她想过要离开。但又自觉是已婚女子，如若再对爱情有渴望，就是道德败坏。于是，她墨守成规也不觉遗憾。可是心底的血液像潮水涌到脸上，仍然无法自制。只因她的婚姻早已成为爱情的坟墓，想要再去渴望什么，也已无法勇敢地迈出那一步。

窗外的栀子花，开了一茬，败了一茬。小孩子不再执迷于偷偷折去花朵时带来的乐趣，她看到孩子已经长大，能够给她些许欣慰。孩子会说：“妈妈，看你的头发都有些发白了。”

丈夫的离去，令她觉得自己也是在真正地老去。甘苦与共的岁月，趁她不及留意的时候，就在她紧锁的眉头间悄悄溜走了。以至于她感到前所未有的孤独，可也变相地学会如何独处。时常翻看老相片，看着她年轻的岁月有多美丽，还有结婚时穿的那件碎花衬衣……

照片中的男人，干净，利落，眉目昂然。那时的他们犹如身后络绎开放的花，二十岁的小伙和姑娘确定了关系并在许愿树旁留下合影，私订终身。这张两人唯一的黑白照片，拉住时间前行的脚步，过滤掉一切声音及流转的光阴，承载着那时的纪念。

她的纪念伴随衰老的程度日益扩大。一句“他还好吗？若是当初能够……”也不过是她的想当年。

他退休下来在家赋闲，年过花甲的面容仍旧精神矍铄。膝下无子女，喜欢摆弄花草。唯一可相依的，是他悉心照顾多年的猫。多年养成的习惯，练就他坚韧自知的品格，认同并坚持自己的选择，他要为年轻时辜负过的爱人清净一世。

照片中模糊的脸，现实来过，而后变为陌生。照片在他手中随之颤抖，影像中的人物，笑容也有褶皱。黑白照片，泛黄的曾经，他会说“她还好吗”。

敲门声粗重急促，他则在房门前踱步，然后怔了怔，才去开门。纹路粗糙的大手，颤巍巍地接过她的一双不复从前的手。他极力克制，甚至不敢与她对视，却不住地低着头抽泣，轻声泪流。她由陪同而来的儿子搀扶，一遍遍地说：“是我啊！是我啊！我来看你了。”

后来的时光，他们只是在对方身上寻回旧时记忆。自知不会再有过多的情事绵绵，也仍然感觉到昨天的身影依稀在眼前，欢笑响耳边。她给他戴上围巾，他轻轻唤她的名字。画面的结束，停留在老人共同抬高双手拍掌惊落树叶的那时……

老去的人儿，老去的故事，一段猩红的惘然。在那个动荡时期，庆幸自己活在现实。时代背景的设定，特定环境造就某种场合。他们可以历经磨难，终会在一起，好似至死不渝。现实痛楚，牢牢禁锢本心无畏。任岁月飘然远去，游走幻觉与深刻之上，怎知心中温情永不削减？

是叶子又要落下的时候了。

体香

和他恋爱，开心又从容，用不着多想任何事情，开心都是包裹在心间的。

他是我在夜店看到的少有的英俊男子。他坐在冷清的角落，将脸隐藏在娇艳的灯光之下，只身一人。犹记得他站起来在我耳旁轻轻回答我放肆而大声的问话，我问他来自何方，他却说“Turkmen”。

我不得不说，他的声音真动听。如此简单地打开了闭塞深隅的心扉，很快便看到了光彩与色泽。女子往往不知道一场怦然心动的时间需要几秒，但她一定知道，以秒来计算的事物总是令人欢喜和刺激的。

他说着蹩脚的中文，总好过我不成熟的英语。于是，聆听成为我对他的方式，在他认真而可爱的表情里发自心窝笑谈，那时的心境，至纯至净，不带有外表粉饰与灵魂伪装。我想到有朝一日，我们抵达边界，在那里迎风照面，好不开怀。风是柔和的，混合不知名的香，来自他或者脚边的泥土，我们站在那里，就像是准备着一起见证什么大事。

和他一起时，嗅觉变得格外灵敏。仿佛有一刹那通晓感觉的真知灼见，虽然晓得那是费洛蒙作祟的因由，但却纵容心底那从不敢登上台面的潜意识。

那些怪异就在亲近时变得一发不可收拾。他眼睛里的玻璃蓝色，由一开始的澄明渐变至深，看起来像是在自我作战，点燃便如火如荼，那是真正意义上的原始，在眼神里呈现出渴望与需索。

费洛蒙这种奇妙的化学物质，无非是身体的香气。彼此间相互吸引时，它战栗在周遭流动的不安分的空气里，携着双方的极限骄傲对峙。他说："有时候我不明白，为什么你总像个不服输的女子。"于是两个人之间强弱毫不分晓，在那一刻，我眼神里原本的妥协荡然无存，硬是在眼中生出了几分恨意。

就这样，继续着与他的邂逅。

后来的一天，独自路过几条长街，看到在冰冷巷口拥吻的恋人。那样的天气似乎并不适合驻足观摩街景，何况如此的情景与我并不映衬。也是在同样冰冷的长街，那个为我留下一路欢喜的人，曾拯救过我的踽踽独行。

也许可以在心里当作巧合，恋爱这两个字分外轻巧。就连分别也是无声无响，不知道是哪里出了岔子，从此杳无音讯。

天暖的时候，去寺庙上香。古老的香火庙宇，红砖黄瓦，朴实陈旧。点燃三炷香，竟忘了来此的因由，只是大概觉得该来一趟吧。忽然间嗅到香火的味道，浓烈刺鼻，令我口舌干燥。那样的香，是来自狭隘空间里物体的香气。原来体香果真是灵动的，嗅觉灵敏的人会在刺鼻味或者口舌干燥时找到下一步的出路。于是，就在这寺庙里，我迅速叩头然后出了门，买了一瓶内容几净的水，以解救我的焦躁不安。

大概就是经常在时有时无之地想起这样一个陌生人。他无法混淆于其他带有香气的事物之中，他是特别的，灵动的，析出的。他也曾经毫无保留地展现给我。

过了春秋，很快便进入寒季，只不过没有特别的人，再次靠近。

故事终究掩盖不住故事。凡是一切带有目的性的，都寻觅不到正确的果实。

就像猎奇一样，我的香奈儿也终于空了。

优雅质地

春和第一次遇上时欢，是在通往北方的绿皮火车上。这个庞然大物载着她们的缘分呼啦地飞驰，这条缘分之藤，使她在往后的数十年里，都与时欢纠缠不清。其实第一眼见时欢，春和就知道这个女子与周遭群人的迥然不同。她像一朵清冷的白菊婷婷而立，由内而外散发出毋庸置疑的优雅。春和万分清楚她们之间的差别。

实力相差甚远的两方，注定弱势一方要成为任人鱼肉的猎物，只能在有限的空间里慌张，逃不开猎人的一双利眼。时欢就是个优雅的猎人，她身边的异性会心甘情愿匍匐在她的碎花裙底。往后三两年的熟识使春和越发不安，那些嫉妒开始鲜活起来，蜂拥而至抢占她的内心，灰雾伴随寒凉湮没整座泪城。

在春和看来，时欢的皮肤永远不会在夏天里湿腻，冬天里皲裂；她学识渊博，出口成章；她阅历丰富，内心坚韧。就连隔岸观火这种事，时欢都能做得游刃有余，优雅高洁，合情合理。时欢说：“不要企图依附另一个人生活，没有人会对寄生虫保持永远的热情。”深刻。

人对于在自身寻求不到的一些特质，都会有一股不可名状的渴求，像一张密不透风的网，张罗着那颗不停想要抓住更多的心。她渴望能有时欢一分的优雅。很久之后，她才知道当年的自己多愚不可及，有着这样丑陋的心思便注定她成为不了时欢那样的女子。但是朝菌蟪蛄般的生命，短得连所犯的错误都值得珍惜，又有什么理由要惩罚自己呢？

记忆是相会的一种形式。忘记是自由的一种形式。

那段时期的混淆记忆，不知是她的相会还是解脱。

有人离开，留下信誓旦旦的保证，让她安心等待。杳无音讯，三年如一日，后来的春和，只身一人留在这座陌生的城，没有等待，也没有离开。她不止一次地耻笑自己的愚昧无知，把十七岁至二十岁的时段投进了这无声的时间大海。如果是时欢，她必定不会这样做。时欢从来不会为任何人任何事物停留。

春和曾迷恋萧伯纳的一句话：如果你把生活仅只看成你所看到的那样，它就会变成毫无意思的东西。时间可以美化仅有的悸动，也终有一天磨平激动，就像神经会渐渐地慵懒，让她发霉变成一只麻木的苍蝇。她不再有任何期盼，不知这算不算是一种绝望，反正是一种疲惫、麻木的姿态。她始终抓不住时欢翩翩起舞的优雅，时欢永远不会呈现出来作茧自缚、摧枯拉朽的姿态，她用冷静直面疮痍。她最大的本事是看透人心，她深知人之劣性，不过就是无利不往。她曾感慨：“生活的生与死、欢与痛、甜与苦、恩与怨、罪与罚，难免会以各种姿态崩塌。倘若绝望哪天真的临幸于自身，必须要做到无所畏惧地踏着满地刀刃，在疼痛里走出一条绝后重生的路来。”

从那之后，便平平淡淡过了数十年。春和逐渐领悟了生活的真谛。如何心境平和，如何像一朵白菊，如何优雅。

她开始没来由地痴迷佛乐，随着曲子的变化，再次念起白菊的净

与生活的淡，竟至产生回到那年深冬的恍然错觉。雨夹雪的泥泞，四处令人生厌的烧纸味儿，暗绿色的松树枝。还有惨白无力的白花，包裹染得漆黑的生木棺材。一群披麻戴孝的人作态哭泣，哀怨悲怆的曲子让黑白照片上的脸显得陌生僵硬。春和也僵化地站着，只有她跟另外一个女子没有跪拜，望过去竟是时欢。自那时起，她便发觉，这是她一生都逃离不开的桎梏。

回神之际，想这世间如幻之事，大抵不过随心两字，思绪漂白后，心底只剩柔软。倏而明了，她也该有一番优雅，在抵达四月清明的途中渐次盛开。

无憾

正午刚过，没来得及吃午饭就已匆匆上路。夏日炎炎，闷热炙烤，少有行人在蒸腾着热浪的街上出没。我挎着大背包，里面是参与影视剧创作的资料，也是自身经验的混编，自知帮助无多，我已做好准备接受全新的挑战。走出地铁，我向指路人所说的商场走去，从咖啡店外带了大杯榛果拿铁与鸡肉三明治，还有一小块儿蔓越莓蛋糕。穿过大片住宅区，绕进胡同里的小道，终于赶在约定的时间到达，尽管我已汗流浃背。没有时间调整，我只得气喘吁吁地与他握手，彼此相识。

开放式的议事厅，用屏风与书柜当作隔断。环视一周，书柜里被各类书籍塞得满满当当。这里是个大型的展览中心。书画字帖，分门别类地挂在墙壁上足有上千幅。我肃然起敬，应该马上安静下来才好，可由于冷气不足，我仍然汗流不止。蹑手蹑脚地坐下来，喝一口咖啡，把午饭放到身边。自我介绍时，他坐在我的对面，说："咱们不急，你可以先吃些东西。"

他是这里的领导，或许应该说是在专业领域有权威话语权的前辈，却依旧保持着质朴的性情。对人尊重，对事认真，这样的谦逊性情令人心生好感。我从他的穿着、谈吐中，分辨出他是个安静持重的人。会议期间，对他稍加留意，看到他写钢笔字，将议事重点记在本子上。那是棕色的带有横纹皮套的厚厚本子。随身携带，浸染他的味道。

参加讨论会的几个人，年龄与我相仿，不乏有着丰富经验的职业人。关于立项进行的谈论，每个人各抒己见轮流发表意见，尽可能多地表现自己的专业。闲言碎语仿佛也是为了串联相持不下的思维意识，掷地有声，言语中充满较量。而我只是在轮到发言时，才会适时讲明我的观点。因为“动员话”已经在先前发来的资料里做出说明，这样的重复真的不该出现在此时的热火朝天里。看他也是不多言语，只是频繁点头表示肯定。持续近五个小时的会议，我们用尽准备的茶点。思考，交换意见，留下各自的联系方式。到此结束，接下来着手准备交代各自的事情。一周后，我们再见。

闷热的夏天，开足冷气的房间。我日夜颠倒，翻阅资料，整合故事大纲脉络，靠烟和咖啡提神。由于题材比较边缘化，虽然有了大致的方向，可碍于自己不谙世事，无法建构更多的日常活动。我只有多与他沟通，才能有下一步的打算。从第一通电话开始，我们之间便言语中肯，交谈甚欢。而后通话渐渐增多，便开始分享各自的见闻趣事。直到结束合作关系前，我们成了朋友。

“苦难深刻，遭遇却轻浅地带过。”

“童年记忆隐没于疼痛、屈辱，流浪。”

“年少的他们，情愫暗生在黑暗的巷子中。”

“冷风吹来的时候，两个孩子一起度过。他们的生命相连，一个依附另一个，如同影子依傍在侧。”

……

改稿多次，推翻以往的叙事方式，然后调整重来。精神与体力，在不同程度上都有着损耗。折磨在所难免，培养情绪，再次进入。少有了自我的照顾，想着如果是他，他会怎么做？在夜晚发短信给他，以“晚安”“好梦”结束。成为了我在这个夏天的习惯。

后来的一次研讨，创作者所剩不多。我们彼此已经熟识，除了在业务上相互指点，还能在一起说些平常事。时逢中秋节，他带来礼品相赠，说会议结束后，我们可以一起走走。他没有开车，我与其他人随他到常去的饭店用餐。“选择步行，”他说，“这样我还可以陪你们走到地铁站。”

他去过很多地方，徒步旅行，打工游学，青春年少该有的经验他都已储备。他说见闻可以让他分辨一个人的好坏，从第一个照面起就可以定夺，知道自己是不是可以靠近对方。交谈的气氛虽然融洽，我却感到自惭形秽。我说自己哪里也没有去过，心里有很多的遗憾。

他说：“一些事情不及时去做，也许就不会再有机会做了。想去做的时间点很重要，初衷是好是坏，只有在恰好的时刻成为命运的转折点，方可有了定论。可是，我们跟随生活拐过一个又一个的弯道，所做的一切也都只是实践，不是结果。而我们要的也不是结果，而是活着的过程。父母给予的生命，如果开端只是为了印证最后的结果，那么我们生来之时，便可直接走向死亡？”

他陪同我们走去地铁站。炎热消退的夜晚，惬意有感，觉察朋友间真挚情谊的产生，不在于时间的长短，不在于社会地位的等级，而在于彼此留有怎样的印象，在于双方心中怎样的感触。放慢了脚步，我对他有着不可言说的、无须明示的好感。山水有相逢，我们在地铁口道别，说着来日方长。

数得出的几次见面之后，不再有以后。持续几个月的努力，无功而返。各方面的不成熟，契机也不够到位。那次共同用餐成为我们的散伙饭。他打来电话说了一句抱歉。争取，调整，重新组合，也不是他能左右的结果。只有欣然接受，我知道曲终人散后，他仍在我的身心之中存活，是那时的恰巧，是那时的一句关照，使我对他有了澄澈、清透的好感，永不穷尽。往后的时光，我们不再有任何交集，却会在相同的城市中吹着同一阵风。这样便会更为真切地记住彼此最初的那一刻。

错过的人，无疾而终的感情，没有抵达的远方。我们是否在心里都藏有这样的痛楚，无以言说无可回避的伤心又能持续几时？待到自我完善，日益精进成为一个钢铁之躯，而那样的一处柔软，用力回想，也不过是当时的一晌贪欢。

在这样的一个冬日夜晚。他送的白茶已经喝到最后一杯。月光明净，照亮了内心的空洞。偶尔，想起他来，我编写一则信息发送给他：

我以为你会不知不晓我们的人生不存在假设。若是辜负了难得，自有必须接受的惩罚。等待最终的结果，获得空乏而充盈的力量。

在这样的时刻，我想起了你，想要告诉你，我十分喜欢你。晚安。

摄影：王亚

花无常期

素常

他第一次在逼仄潮湿的茶馆闲坐。偶有三两个倚在木凳子旁的姑娘，瓷白细嫩的手指端起桌上的青花茶盏。一时冉冉蒸腾袅袅的烟，氤氲的脸色轻描着薄弱的嫣红。若有一时恍惚，那尚未消尽的花样，就如银白色的火花，星星点点全然冷却。

木桌底下，窝着半醒慵懒的猫。旖旎双眼，温和得没有一丝脾气。好似常年往月，极少这般光彩体面。

他往来许多城镇，最爱的还是湿漉漉的南方。犹如饱和浓郁的姜茶汤，唇齿间眷恋着甘美的味儿。又好似娓娓道来的故事，哪怕中途被打断，仍旧有人留下来听完。到了惊蛰日，这里的气候便化成酥糖，指腹沾上一点，便会觉得温润，细腻至极。

他中意姜茶汤，缱绻湜湜，不带一丝踌躇。

总归是绮靡香艳的日子才会更引人注目。他依旧坐在老位子，看来往的客人是怎样不同的衣着风格，从中了解光鲜的寓意。茶馆里下棋听曲随性，从不缺少常客。总是一身布衣的茶倌儿，露着半截子手臂，手里提着长嘴茶壶。他们总以记住茶客鲜少人知的口味为乐。

这简陋的茶馆，并没有备着多余的辛甘各半的姜茶。大多都是馨香回甘的红茶，或是苦至颦眉的茶根。店家似是早已预料，若非一时兴起，是不会有客人专门点姜茶的。

也就是这样，人常在落魄凄楚时，方能舔舐往年不消回顾的深邃柔情。朝夕垂暮，高昂而歌。仿佛只字半句都太过凄美，连带着半晌期许的温和。踏歌而舞，沙哑着的嗓子，怀念是一首未完的歌。

再次光顾茶馆，茶倌儿已然能道出他的口味。脸上澎湃着不知好坏的笑意，却终究是热情的招待。自始而终，他并不认为姜茶汤，输于任何茶。他就像是耄耋之年的老人，在这习以为常的南方，与他凭空的美梦，涟漪成一圈恰到好处的相逢。

大抵早就料想明白，当他以踏实饱满的姿态奔赴北方时，心中所有的念想都光鲜起来，与这之前所有偶遇一样。绸缪恩爱，难以割舍。并非是他执意偏傲，只是某种不可明晰的情绪，在空旷冷静的柏油路上蠕动。

难以无视，并且，一见如故。

后来在北方安稳时，恰逢寒雪到来。约了旧友家中相见，他一时兴起熬了一壶姜茶汤，搁了几颗冰糖。辛辣甜香的茶汤让旧友欣喜。竟饮尽那一壶，点滴不留。他终是遇到了知音，终归幡然醒悟。

比如姜茶汤，尽管他挚爱而觉素常，也只有与心意相通的人，才能相约共赏。

映刻

喜欢的电影上映时，会独自去看夜场。发觉周围都是成对儿的观众一同前来，为了避免尴尬，我选择在边缘的位置坐下，神情愀然。电影让双双对对的人坐到了一起。场合既定，时长适可，内容的好坏，他们的评断标准，想来与我不同。

一对年轻情侣在开场后赶来，带来热闹过后的气息，这与影厅的静默气场背离。他们在我前排的位置坐下，女孩怀中的大束玫瑰影响我的视线，况且时不时地就要发出咋呼声响。

电影节奏缓慢，画面感却是强烈，有印象深刻的一幕幕在结束后还可回味。服装给演员带来好看的外表，还凸显那个年代的特有味道。二十世纪三十年代，爱情温婉简单，是你情我愿的相悦承欢，随后的主线发展跌宕起伏、意外连连，事件安排得不免有刻意之嫌，要去说明再誓死不渝、忠贞不贰的感情也抵不过社会动荡的大背景。庆幸自己没有生于那个时候，不然也早就预料到了自己的结局……前排位子的两个人又开始动作了，不间断地窃窃私语，还能听到他们连声说着电影没劲。

电影结束，打出字幕。我喜欢以这样的方式来做了结。介绍完出场演员以及工作人员后，还记录了这部作品的出产年份。这样很好，可以是电影人的一个纪念……像人生。每个人的某种阶段，活在不同的年代，时间就是凭证，可让此时的自己想到那时的人，那时经受的事，也可见到那时的自己，花开不败。

灯光亮起，说着电影没劲的情侣，相互拉扯推搡。女孩的大衣甩到我，见她不高兴地先于男孩离去。视线随她转移，我注意到一直坐在我身旁的老夫妇。他们沉默寡言，整部电影的时间，交谈甚少。起身了，我才看见他们的爱。老先生的头发虽已花白，但笔挺的西装还是透出他的儒雅风度。妻子随他左右，递给他围巾和手套。立领盘扣的对襟短身袄，穿在她的身上，得体优雅。轻轻一句“我们走吧”。然后在身处的突兀环境中毫不尴尬地走过人群。他们牵着彼此的手。

冷风的街。手指冰凉，手背通红。在街边的小摊前，我为自己要了一杯热奶茶，准备在胡同拐角处喝光它。站在路灯的光束下，觉得自己突然暖和起来。侧目间，我看见车站旁的垃圾桶上，搁着一束玫瑰，是刚才影院里的那个姑娘捧着的那束。不远处，那丢花的姑娘正在犹豫要不要走。她穿深绿色呢子大衣，格子的羊毛裙，裸露的小腿肌肤，在寒冷的冬天美得异常。经过我的时候，她在讲电话：“喂！亲爱的，我们结束了……”冬日街头，我见证了一段爱情的终结。好冷。

巧合出现，片刻之后却也成为历史。那对老人也适时地走过这里，漫步街头的一对身影，渐行渐远，最后于我的模糊视线中消失。手掌感觉又被冻得僵硬生疼，眼眶浸润着的热度，也不足以撑起我拨通他的电话的勇气。我知道仍旧是我一个人走着，等到下个路口时，仍旧是我一个人。

女人带着一切，追逐男人的脚步，不管去哪里，这就是她的幸福。虽然不能明确，将要去的地方能否扎营停驻，还是只为了疲倦时能有片刻的休憩？反正，男人眼里有笑意，就是想予以女人更多幸福的肯定，示意她可以将自己交给他，并能托付终身。

我明白，一段感情虽以失败告终，但起码给过你快乐。相遇之初，满心欢喜的两个人，必定以为可以相知相守一辈子。那为何在进行过程中，不给自己充分肯定，说明眼前人就是这辈子要找的人呢？还好，他们应该没有结婚，到了明天，便可当作没事人一样，继续潇洒，继续玩耍。别人都在快活，谁还有心驻守自己无偿的寂寞。想必，一切都是玩玩罢了。一夜温情，花落缤纷。等到日光之下，换来的就是无名的陌生。

可你要明白，请你必要明白。我们在茫茫人海中游弋找寻，在一张陌生的面容上寻找着一种靠近的可能，看似盲目，内心却要极为清楚分明，这是基本，也是重中之重。

时下，大多数年轻人觉得婚姻不够牢靠，相守到老的爱情，只是心间的美好愿景。正在热火朝天地谈恋爱的年轻人，要在感情上将心比心防患未然，不要赢了战争却输了和平。其实，坚实的感情就建立在一些具体的行为中，哪怕很小很平常，也是浪漫的温存，更是对美满家庭的寄望。

当然，不同年代，不同年龄，反正都抵不过岁月的摧残，每个人都是玩偶，被玩弄于简单的不可变更的情感世界里。毫发无伤，那是扯淡的话！欲望本身，有着强大的力量，会盖过婚姻，甚至高出很多个层面。然而，纯真的爱情才是世人永恒的话题。艺术家在爱情的感官世界里，不停地琢磨感悟，用他们的作品影响着世人，歌颂、赞美，渴望并找寻真正的爱情。

正确的人，仿佛失散多年的儿时伙伴，你与对方始终都在同一镜像里获得身心愉悦，清晰透彻，能够映出可贵的暖光。你要知道，情话说得有意义，才不至于要去拥抱一颗自私的心。

奇怪逻辑

每个人对生活的成分有着自己的掂量和分解。对婚姻的经营、对朋友的珍视、对父母的亲和、对琐事的态度、对知识的渴求、对精神的探索、对工作的热忱、对声望的看重，等等，将一个看似完整的人分裂成不规则的实体。由此，可以想见一个人的心脏所承受的负荷。

我们来到一个城市，除却喜爱的部分，其余的便好似一场博弈。我们在棋盘上布局、防卫、进攻，没有足够的把握，不足以在两三步之内成就霸业。事业如此，爱情亦如此，期望值和实际值的落差，远远大于人脑的预期。

我们总是冠冕堂皇地为自己贴上标签，让自己独特的个性散发出来。审视观念，是习性？是人性？还是二者的结合？而它们的共通点却是：保护自我。一些并非善良的人，爱说自己的善良；而并非败坏的人，却刻意调侃几分。于是善恶在传播中歪曲了本相。其实，他们内心是明白的，他们是这个时代的引领者，不调侃生活，就会被生活调侃。大家都来演戏。

弟弟要结婚的前几天，我的耳朵开始出现幻听。我发觉逻辑思维不能与时间等同的无数瞬间，似乎所有事物、问题的始终都不能用变速来衡量。计划和改变这些事是我们唯一只可估算而不可当真的事情。

那天，正墙上挂了结婚照，瞅见相片里放大的他的面孔，嚯，这么一个小男孩，这么一个常和我吵架的小男孩，就要结婚了。婚礼是在家乡举办的，并请了专门的主持，场面有些铺张，但在那一特定的时刻，也不会有人觉得不妥，人们早已司空见惯。我忽然觉得挫败，像个不谙世事的孩子，不然怎么每次我说的意见，大人早都考虑清楚了呢。只不过，我依然多问多说，像是专门回家操办婚礼的执行者，又像是个铁面无私的教士，我仅仅是希望婚礼的隆重足以见证他的安定与完满。

用一天时间完成好几件细分的事，会有超然的成就感。满足于充实感带来的少量欢喜，总好过间歇性思维带来的狭隘偏移。一个人的成就日积月累，由一个完满的结果去思量它的过程，你会笑，并且想同重要的人分享它带来的喜悦。

无论是关乎节气、习惯、变化还是成长，都会在某一段回想的时刻令人恐慌，那恐慌带着吃惊，甚至呆滞，再慢慢详述出来，才终于知道，原来那是一个很长的故事。

或许在那一个年头，我落了后。我爱谁，是一个无从预料的事。我不爱，则可不必浪费唇舌。于是我记住，Speed Is A Riddle（速度是个谜），我需要做的，仅仅是无须刻意。

在这个世上，刻意去塑造的东西，终究会远离你，越来越远的，仿佛从来没有出现过。

那一年，我爱上的牌子从“绿色口红”到“雕刻时光”。

有很多时候，我们遇见太多的倾听者，他们以旁观的名义走向你、靠近你，却始终做不成你的爱人。

你所看到的，或许只是一个假象，那么别慌，去破译它并疏远那个被掺杂乱象的世界。

有时候，我喜欢自己认真的样子，就像有时候别人欣赏我装作生气的样子。等到心意相通风平浪静时，就会开出美好的三色堇。它们不簇簇相争，变成美丽的琥珀颜色。

只是，如果把一只干瘪的海星放在清水里，它会复活吗？

猫的报恩

家里一直养猫，幼年的记忆也是有猫的陪伴，它是不可或缺的家庭成员。我喜欢猫慵懒自足的性格，更宠爱它慢条斯理的情调，直到那只猫的到来，我才知道宠物不只是简单的喜爱，更有份情深义重的感情，特别对老人十分重要。

最初，它小得如同一团白棉花。我用一个小盒子装着它走进家门。那年高中毕业，同学家的猫产下几只小崽儿，由于准备搬迁无法全部带走，就让我抱养一只。我没有拒绝，想着家里正巧也要养猫了。奶奶是个热心肠的人，喜欢小动物，定会善待它。于是，在颠簸的公交车上，我抚摸年幼的猫崽儿，心想着“你来我家可算是赶着了”。

奶奶给它取名大白。年幼的它是奶奶不能割舍的惦念。大白的饮食全是奶奶照料，它会走到猫碗旁按时报到。如果奶奶在床上躺着，没有及时为它准备，它则毫不客气地把奶奶的鞋叼到存放猫粮的柜子那儿，然后再转头冲着奶奶叫唤……渐渐的，奶奶与大白，谁也离不开谁了。

一切日常行为，奶奶的身边总是有大白如影相随。奶奶对一只猫的照顾，也许是要打发一天没事可做的无奈。但我知道，自从爷爷去世后，自觉老了很多的奶奶，再没有什么精神头，去关照哪个子女是否过着幸福的小日子了。“别人的生活那都是别人的了，而一只猫在你家里，一待就是一辈子。这就得好好照顾它，才不屈它来这世间走了一遭。”这是奶奶常说的话。大白围绕奶奶与她逗乐，也算它对奶奶给予疼爱的回报了。

年迈的奶奶对于正在成长的生命，理解和心态有了变化，不仅仅只是养了一只猫而已。想起奶奶与大白曾经的种种，更使我体会到奶奶的孤独，其实并不想被人察觉。大白曾经走丢过一次，奶奶心疼得几天没有睡好觉，找过不少地方，担心它会没有生存能力。“不回来也好啊，只要能活下去。”她没想放弃，只是那几天常用这句话来安慰自己，可当大白突然从窗户跳进来，满身脏兮兮的，一下子跳到奶奶的怀里时，奶奶却说：“你这个没良心的大白。”

日月交互，时光匆忙。大白对奶奶的感情也是见得着的好。冬天，奶奶要去医院治疗调养，常常要在医院里度过春节。这让她经常自责，她觉得自己的不适给全家带来了影响，也包括那只常伴左右的猫。它会走遍家里的每个房间，上蹿下跳，不时发出悲戚的叫声，我知道这是它的不安，是它找不见奶奶了。每晚它都睡在奶奶的床边，奶奶不在的时候，也照旧在它的那一小块儿床边上蜷缩，盼着她回来。持续的不安，等接回奶奶的时候，它会一下子跑进屋里蹿到奶奶身上。就这样，一个虚弱的老人，怀抱一只正在撒娇的猫，我爱上了这个画面。

可是，终有告别的时候，人与动物之间也是如此。当大白的蓝眼睛已不再像从前那样清澈，有浑浊的薄膜阻挡住它的光辉时，我

摄影：王亚

知道，它老了，该离去了。想着它在我家度过的一辈子，想着它成长的十几年的光景。还有，我想起那个送它给我的同学，他的名字，他的脸。

它挣扎着从地上晃晃悠悠地爬起来。脖子靠在我的脚踝处，用脑袋在我的裤脚边慢慢地蹭了几下，又走到奶奶身边同样蹭了蹭，叫唤了几声，便在奶奶身边倒下。这时它已经等到了奶奶。之前的几日，奶奶在医院，又是由我来照顾它，只觉得它的状态只是老得不爱进食行动缓慢，并没意识它会死去。或许它早已知道自己的归处，可还是要在痛苦的煎熬中等待要等的人。

奶奶唤大白的名字，苍老的声音是对它的不舍。她表示以后可能不会再养猫了。我本想将大白送去宠物医院，可奶奶却递给我一个大口袋。大白已经死了。她转过头，擦了擦眼泪。

狭长的医院走廊，灯光清冷惨白。病床上的奶奶，行将就木的身体如同老树枝一样干枯易断。手背上的淤青处，继续有针头在安抚着她。身边的子孙，这时的嘘寒问暖想必也不及针头给她带来的感受真实。我上前与奶奶聊天，说："我不可能再当您的拐杖了，因为您已经够不到我的头顶了，那您还会给我讲故事听吗？”

我一直记得奶奶的往事。即便她总说现在太老了，什么话也都讲不清了。可我还会一直记得她与爷爷走过的路。提起这个给予她诸多苦痛，却又一生无法释怀的男子，她的笑容，总会出现年轻时的力度。那是怎样强大的力量，让她回忆凄苦岁月时，充满笑意。最美好的光景，他们用尽气力，养育众多儿女。看着儿女成人，饱经风霜的心才会得到些许欣慰。

人的一辈子，有太多说不完的话，断不了的情。可这一辈一辈的，路还得走，情也得断。奶奶常说：“在家孝父母，何必远烧香……”有时我想，做个冷酷无情的人也好，可以在听到动容伤怀的话时，不近人情地笑出声来。自然也就不会在奶奶百年之后，不知如何是好。

黑白花色，身体轻柔。褐色眼睛，杏仁般椭圆。胸脯前的大块伤疤，吸引奶奶的注意。我告诉她，是被热水烫伤了，原来的主人才不再喜爱它。奶奶接过它，不时咋舌，连连说遭罪。

奶奶怀里的小猫，眼神虽然无助，性格却格外活泼。决定带它走一程，毕竟来到了这个世上。它的小爪子紧紧抓住奶奶，也许知道她是个好人，就对它无法拒绝。奶奶说：“你看，这不是咱家的大白又回来了吗？”

夜晚，房间里充满诡异月光，照在奶奶身上。电视机声音嘈杂，我坐在床边，看奶奶给花猫擦身子，它躺在奶奶怀里，亦是慵懒舒坦。放它去睡觉，可硬是赖着不走，也许还想再与奶奶相处一会儿。我看到奶奶将它抱得更紧了。这一刻，突然觉得这是多么深厚的爱。

多年前，想必奶奶也会像抱只小猫似的抱过我。可我现在不可能是只猫，谁对我好，就要向谁撒娇。也许一直是我们忘了拥抱，又不好意思去表达存在我们心间的情分。所以子孙造成的疏忽，才让奶奶看见她的苍老，自认为成了个不再被人需要的人，才有好多话都要讳莫如深。而身边的一只猫，则成了她最好的诉说对象。作为后辈，该怎样偿还长辈的一世恩情呢？如果继续沉默，恐怕永远也抵不过一只猫。

柒

某一天想起这个大写数字。四通八达，将字体的起笔点和落笔点各自延伸，却发现是很奇特的射线组织。那是无法觅得踪迹之处，它很快成了行走的代名词。

人之所以生来古怪，必定与骨子里某种因子有关。例如：有人只喝“七喜”，看《七龙珠》，去“柒”酒吧，热爱七月，扮七仙女，学号巧合到末尾数字非七不可。考分一塌糊涂时，碰上家教严格的亲人，便形色羞愧如一位被强加了“七宗罪”的孩子。

再比如，爱一个人长达七年之久，避免婚后七年之痒的到来。命脉里可怕的危险轨迹，始终无法占卜。

那年十月，我与一位老朋友见面，时隔七年。那天在玄武湖畔，他撑着一把黑色的雨伞来到我身边。样子依旧。岁月再长，也抵不过如此静好的感情来得真切。

南京是个不错的城市，总能有那么一二场景让行走中的人找到归属感，就像我们恰巧赶上一场向日葵展览。小小的向日葵如一丛丛茂密的雏菊，簇拥在一起，颜色金黄炽烈。风过后，摇晃的花盘迅速立稳，美不胜收。我站在花丛中拍照，他的短发则被淋湿，我慌忙递过雨伞，相机定格在恍惚间的举手投足中。

照片里的葵花，胜于一切草木。耀眼的金黄色，远远望去，一朵一朵，就像，哎，拙劣的词汇描述不出它们的样子。

去夫子庙朝拜，看到拉黄包车的壮实老人和领着孩子泛舟的夫妇。我在一棵满是红色许愿贴的幸运树下许愿，虔诚颔首。将其抛在高树上，屡次落地。直至后来弄脏了白色的手帕，才完好地挂了上去。一抬头看见耀眼的红光漾在脸上，它将记录我们一同走过的这七年。

第二天傍晚，我离开了愚人码头。在宽阔的车站和这位朋友说了再见。

听到一位男子在地铁口唱歌，左耳上有闪耀的耳钉。很熟悉，歌声像风。我忽然记起他来，他的生活单调，甚至含糊。唱歌的时候瞳孔清澈，他并不是没有梦想，而是一位梦想安逸的男子。这样的男子，时常背着吉他行走远方，手指修长枯瘦，却有诸多对音乐的热情。那天傍晚他背后有夕阳的光，他唱的是：整条街都是恋爱的人，我独自走在暖风的夜，多想要向过去告别，当季节不停更迭。

我急匆匆走开，步子紊乱。乃至以后，是否仍以行走的名义去看山峦、森林、车轨、沙滩。

射线，没有终点。也许有一天，走累了，便可为了一个人，当一个迟暮的女子，留守在他的身边。

重逢

这是一座虚妄之城。

小城的大广场上，有一架坐落多年的时光机。

她频频去到那里，试图追究自己的过去。她是个记忆力不好的人，怎奈太多往事。时光机器有着更为虚妄的齿轮，庞大机身上写有“昔年今日”四字，字迹脱落，可见多年饱经风雨。这个城市，是她出生的城市，也是一座虚妄之城。

进入时光机的人，都能找到特定的角落刻下自己的掌纹。掌纹愈深，时间愈久。齿轮滚过她刻下的日期，低吟：“明年今日你再来。”

“爱一个人，好像突然有了软肋，又有了盔甲。”她也是这样爱过他，直到他离去，远赴他乡。她将指纹触到今日，时光数据读取，那已是三年之前的事了。

我们经历的都是对的。这是她长久以来所信奉的真理，然而她总是一边走一边回头看，过往的章节都要在如今的岁月里接受最终审判，有些判定为过去式，有些却是未完成。

电影的情节忘个精光，只记得在黑暗中他亲吻了她，温柔而绵长。若有人打破禁忌，禁忌便会破坏关系，走出电影院的时候，就在那些流动的人群中他环抱着她的肩膀，她弱小却有力，挣脱开来，走在了他的前面。她转身说：“去那家西餐厅吧。”

那家西餐厅里的服务生对他们早已谙熟于心，看到他们进来，点头微笑。他们仍然坐在从前的位置，从未换过。

服务生将柠檬水送来，她端起一口气喝下。

淡淡的柠檬的味道，新鲜却不强烈。

她说：“喝点酒吧。”

他看着她，有些不解。

他要了一瓶红酒，服务生站在旁边正要帮他们倒，她接过来：“我来倒吧。”

她给自己倒了满满的一杯，却只给他倒了一点。

Cheers，cheers，cheers（干杯）。庆祝的言语在空气里散掉。她笑。

直到今天，他们终于再相会。她将指纹录入，以永葆时间的精确性。他的掌纹叠附其上，此去经年，他们终于再相会。

他开车，眼神依旧清澈。她坐在副驾驶的位置，车厢里很是沉默。路上的车寥寥，她说：“加速吧，伴着《克罗地亚狂想曲》。”那是她送他的CD，上面的音乐都是她精心挑选的，那是他车里唯一的CD。

疾驰，飞奔。她的脸上想是早已潮红，她只感到毛细血管里的血液温热翻腾，他的手握着她的手，即使需要用到右手的时候，他也是握着，就像在教她开车一样。只是这发生的一切并不温馨，而是激烈。更像是一次密谋已久的逃亡，逃向无人之境；或是一场私奔，决绝而勇敢。

他们从未一起饮过酒，她怕喝醉后失控地说出那些过往。感情热烈的人没有能力将往事讲述得云淡风轻，内心总会有情绪溢出，压制不了，于是便不去唤醒。这是趋利避害的本能，保全自己，或者是保全一种关系。

她从他的车上跳了下去。也许是借着酒劲。他把车停到路边奔跑着追来。她听不到汽车鸣叫的声音，听不到嘈杂，听不到他的呼喊。只听到脚步声，他背着她，沿着台阶一级、一级地下。她趴在他的背上，静静地睡着了。

没有任何梦境。

他在床边守候她的苏醒。他说："你还是以前的样子。尽管相逢，在同一地点却不一样的时间里。我们要此生不分离。"

"即使你那时候青涩，不能将一个人照顾得周到妥帖，我还是想要遇见你，不带着对另一个人的纪念，不带着对某种感情的不甘，全然地来到你的面前，进入你的生活，这便是我觉得这一生最好的事情。"

他还说："很多次，我在一场安逸睡眠中骤然醒来，或者在漫长的宿醉中清醒。不记得我们曾经相遇过，不记得我们曾经的遗憾，而是重新走近你，不向你分享我的故事，即使这看起来像是弥天大谎，都要不近人情地这样选择。"

昔日离别，稚嫩与勇气俱在；待到重逢，沧桑与沉淀同归。我笑盈盈，瞻望你的本真，光彩照人，喜极而泣。你忽然哭，这么些年，背后有苦楚。

这座小城再无虚妄。霎时间，世间情事，一叶知秋。

安可曲

照片中的两个孩子，有着相似的额头，可一个眼神阴郁，一个却天真得像被抽干了水分的花瓣，褶皱般的粉白，没有生机。女孩站在阳光底下，一半脸沉浸在深不可测的阴影里面。男孩的脸，却被柔和饱满的光线照了个全部。虽然，男孩很好看，但她却不稀罕这虚伪来的天真……是的，就算女孩很不喜欢照片中的男孩，但照片，却跟随她多年。换过多个住处，一直留在身边，好像要等到那个男孩出现时，她好撕下那一半，还给那个笑得傻乎乎的男孩，想要看看他的结果如何……他该多大了呢？她在想也许这个人早已忘掉这张照片的存在。那么，我是谁，他也不该记得才好。

这是她的照片，小学毕业时所照。在她印象中，由父母带着去公园，那是唯一的一次。她不喜欢拍照，感觉照相就是要把自己某个时期的样子停滞在一瞬间。根本不愿看到这个没有生长，反而留下案底的影像，准备到将来可以有迹可循。嘟着嘴，她十分不耐烦，可当时那个小男孩，还摆出个胜利的姿势出现在她身边。

她与他相识，在共同朋友的婚礼上。他已为人夫，妻子则是她的小学同学。在一起坐席，菜肴都可忽略，他们彼此介绍自己。多年不见，却言笑从容。

男人叫恩辰，屈恩辰。他的家乡有约定俗成的恋爱模式。高中毕业的年龄，他不想像大部分的适龄男女，选择在村镇的周围或是自家的附近，找寻某个人，谈场所谓的恋爱，就可以开始以后的百年好合。那么，所谓的青梅竹马，因有深厚的感情基础，发展成夫妻关系，也便是再合理不过的事情。

但他放弃这轻松可以完成人生大事的简单步骤。选择离开，选择自己向往的生活，选择那片只有逾越过沟壑，才能看见的碧海蓝天。于是离开家乡，投奔姨妈所在的城市读完大学。他还记得，小学毕业时就曾在姨妈家度过一个暑假。游玩的纪念，也是那个时期留存得最多。他随身携带的一张照片，就是拍摄于那个暑假。人们大多选择站在公园大门前留影，所以，照片里面还有个小姑娘，仿佛与他成为故交。他的妻子也是小时候就有了交集，是姨妈邻居家的小姑娘。

她喜欢听别人的故事。她想，在一段可以发展到步入婚姻殿堂的爱情当中，总有什么深刻感受会让他们之间的感情成为不可儿戏的重要抉择。她刚刚结束一段恋情，耗尽心力，给她带来剧烈的疼痛。被动的恋爱关系，关于里面一切的来龙去脉，她已经了然于心，不敢再有非分之想。在涉足下一段情事之前，她失去信心，觉得你是你，我是我，热闹喧嚣过后，仍会各有归途。她已无法轻易相信某个人的出现，站在身边张开怀抱，彼此就能既往不咎、相安无事。她不停地问“后来呢”。

恩辰大学毕业后，回过家乡一次。母亲说：“既然回来了那就留下吧。在家乡也能工作，也能结婚生子。”他犹豫着，将一直带在钱包里的照片撤出换上了别的，决定要留下。可在得知母亲给他安排好相亲的对象后，他却没去见面，瞒着母亲就悄悄回程了。大学生活，使他对这座城市有了好感，而这里的人，更是让他放心不下。工作稳定后，他便有了妻子，就是当年他在姨妈家过暑假的时候，经常与他一起玩耍的邻居家的小姑娘。

她小学毕业之前，与恩辰的妻子住在同一条胡同里，两家相隔不远。在胡同里度过属于她们的纯真童年。后来因父亲工作上的调度，举家搬离了那里。多年不见，此刻相逢，夫妇俩邀请她到家里做客。叙旧的同时，还能看看老地方。

公园已经拆去，那张照片里的景致，无法再现，使她更觉珍贵。她还想知道，同在照片里的那个小男孩，他的最终。

在恩辰家里度过一个下午。她与他的妻子聊得欢实，他在里间屋工作。恩辰个沉稳的人，因为陌生，他不好在妻子与她的女友之间来回走动，自己在房间里闷了一下午。她要回去时，敲门与他告别。客套话不长，说着彼此往来，一定还要有下一次做客的机会。这是他们的睡房，温暖明亮。在床头柜上，镜框里的照片吸引了她的注意。

她拿起照片看了很久，发现拍摄角度和自己的那张略有不同。掏出钱包里自己的那一张，她对恩辰说："原来那个笑得傻乎乎的小破孩，就是你啊……"

是。是他。恩辰和她是在纯属巧合的情况下，出现在同一画面里。照片中的影像停滞不前，而现实生活中的他们继续生长，可以长成在一块回忆那时的人。一个天真，一个阴郁。不曾想过还有机会可以周旋在一起。怎么是好。她常常期待能有这一天的出现，但却未曾设想过会以这样的方式。仿佛今生再续前世情缘的念头，在此时附着上一层道德败坏的暧昧，只好当作一个温暖的梦。

恩辰开车送她回家。小心转弯，加速熟练。彼此没有言语，可以见到车外的大好光景。有行人，有阳光，有自由飞翔的鸟，是回巢的时候了，它们一只接着一只……

疲而劳作

疲劳之时，再作恢宏。疲而劳作，亦是一种歌颂。

以执行制片和监制的身份分别去过两次电影剧组。截然相反的排期安排，给我不同的参悟。外人眼中的地名，像是为免冠照片无故加了一顶帽子，形式主义色彩渗透到寻常百姓的心里，也成了脱口而出的说辞。亲临粗犷的陕北高原，朴实的气息溢满心间。

那里的人们，生于窑洞，长于窑洞。相对年长的老人，若是搬到现代居所，反而会不习惯。他们对窑洞这种古老的居住形式有特殊的、难以言表的感情。

电影开机前，去场地考察。姜氏庄园的存在本身就是一桩奇迹。初入牌楼，几孔排列有序的土窑矗立眼前，热情好客的居民说着浓重的陕北乡音，时间仿佛一下被拉回了新中国成立的初期。婆姨坐在炕头挑灯为孩子缝补衣服，男子则为家庭奔波挥洒辛勤的汗水。那些自然流露的朴实即是黄土高原的特质。黄土地的古老文化，融入居民的血液里。导演Janson没有过多表达，只是频频点头，可以看出他对此地比较满意，场景契合是完成一部高质量电影的客观因素。午饭时间，那些居民请我们进屋。窑洞里宽敞透风，他们从坛子里舀出酒，一杯酒入肚，驱赶了长途跋涉的所有疲惫。

一次去榆林横山波罗堡拍摄。剧组人员五点出发，凌晨两点钟收工返回酒店。较远行程的拍摄，做计划时便要在时间安排上下功夫。演员趁空隙躺在车座上休息，导演则声音沙哑地指挥，其余人在机身周围各自劳作。那样的天气，帽子墨镜围巾人人必备，每个人全副武装，仅仅露出双眼。高原之顶，唢呐声起，唤醒沉睡的土地情怀。那支歌，是当地著名的《一对对鸳鸯水上漂》，人们在震撼里心动，又在心动里震撼。

这次拍摄，时长仅有九天。拍摄强度和力度之大，令共同经历的人们心有所触。致力于结果的每一个过程，都格外尽心尽力。拍摄杀青，剧组在酒庄摆席宴请。到场的人们举杯庆祝，酩酊而归。

疲惫中的劳作，有着一鼓作气的果敢，渗透到生活里，必会造就一份传奇。

一位金融界的友人，年轻有为，被人视作潜力股，是个自主创业的强人。很难想象一个自始至终保持学习状态的人，会游刃有余于生活琐事，他就有本事

摄影：南在南方_candy

处理好周遭的一切疑难杂症。当他的交际圈子扩大后，他依然可以在不忽略旧友的情况下，开辟出一片新天地。时间久了，他的朋友有增无减，而他在圈内的名声越来越响。他被称为“奔波公子”，当然，也是大家的“好好先生”。懂得奔波而不劳碌的人，会散发出成熟稳重的魅力，会有恢宏的魄力，成为一个闪闪发光的人物。

茶凉人分

房子于旅人，有一种致命的吸引力。频繁变换住所而带来的陌生感，能够衍生出欣喜。想来，正是由此，人们才能轻巧地找到旅行的意义。

就像这个小城。汇聚不曾预见的来客，人们一边观察，一边艳羡。小城故事多，充满喜和乐。他在这座小城里，获得的爱情，就如一块沉淀心间的美玉，在眼眸里化成柔和的倩影。

旅途中有人相伴，就像是沙漠里看见了绿洲，内心有无法言表的灵动，仿佛那是某人在一处透明的阳台上，悄悄为你举起的酒杯。

黄昏的雨水，以一种透明的姿态浸染整座小城的日光和月光。木桨击在湖面，漾起一圈又一圈的涟漪。风来自湖畔中央。他踮着脚瞭望，信起姻缘的奇妙。彼时，她已南行，他欲向北。湖面上舟船交错，这是他们的第一场约会。

茶馆小坐，提琴轻吟。他要了杯苦茶，她则喝自制的苏打。一杯一杯续着，晌午的维他命因子，在杯中汹涌摇晃。音乐循环了一遍又一遍，他们牵着手走出茶馆。

登山膜拜，以爱为名。在高处结下同心锁，不问心事，唯愿时间滞留。原先命定里没有的一切，通通出现，成为妙手奇遇，共赏之处，走到哪里都是一片好景。那是怎样的开怀，以为真的重获了一个新的世界。

溪边放生，此爱结余。相逢是眼中的无限温厚。执着于爱情理想的他，深谢这相知与馈赠。鱼游得多欢，自由是永生永世的追求。不期望情感经历的多多益善，唯愿此时此刻便是始终。她为他套上连夜赶织的围巾，漂泊和流浪到底是有些凉薄，何况如此之久？她全然懂他，眼眶多了一分酸涩，置身这景中还有多时？早在那杯茶间，看出了人间苦色。越想要钟情的人，偏生有那不能违背的宿命。但愿醉在这小城流水中，晚风吹袭，此生与共。

相聚有时，为何要分离。苦茶里放上糖也未能渗出甜润的气息。他坐在窗前看车子来去疾驰。她应家人之意，有了她的未婚夫，她或许只是一个人旅行散心。他拿起茶杯一口饮下，匆忙中乱了阵脚，茶碗碎在地面。摆放在茶几上的茶盏，是爱恨交错，是卑微报复，是觉知前尘吗？

在这个小城旅行的人都会留一张照片。邂逅堆砌成一沓冲洗的照片，单独的，井井有条的，摆在玻璃橱窗间。他也曾在茫茫笑脸中急切地找她，寻觅的过程犹如一根水草茂盛生长。如今真的只剩下留念了吗？“你曾发邮件告诉我说你那晚一夜未眠，我是你在暗夜里绕过几条街和几个深巷的绵长思念。”

他有清晨慢跑的习惯，喜欢在丛林中聆听树叶与风摩擦的声音。如果人的一生要拥护一种幸运，那么他的，已经作为翻新的照片热烈来过。

跑回起点，天空出现隐隐的白色云纹，就要放晴了。

孤寺，晨钟暮鼓，菩提梵唱。

只是茶凉了，我们早已分开。

千帆过尽，礼遇难当

接到他的电话，邀我去他家里度周末，我欣然应约。我们原本没有交集，他却给了我很多帮助。在水果店，我挑选应季的水果，想着也要给小孩子买些礼物才好。

他在一家医院的ICU任职，是主管护师。认识他很偶然，我正忙着要给医生送奶奶的化验报告，却误入了他所在的休息室。他精疲力竭地摊在床上，只盖了被子的一角。水杯在桌子上冒着热气，拆封的苏打饼干还剩下多一半，小盒酸奶已经喝完。我小声上前询问，他立刻调整状态，坐了起来。

与他在医院接触的几日，或许是工作关系，我看他总是严谨匆忙、尽职恪守。后来的几次电话交流，我确定我们可以成为坐在一起慢慢谈话的朋友。

他家在城区二环内，离我有一定距离。高架桥在我眼前逐渐消失，已是万家灯火。被拥挤的交通耽搁，我在傍晚时才赶到。拨通电话，他说马上会来接我，我便在路口等他。稍显疲累，腾出一只手来，我点了一根烟。

没有过多寒暄，他笑脸相迎，随手接过我远道带来的礼物，笑着说："你怎么还没戒烟。"

我在医院陪伴奶奶的一周，与他相识。起先，我们交谈的内容多是与奶奶的病情有关，熟识之后对彼此的生活有了简单了解。我们年岁相仿，他说我的目光很温暖，有着不符合这个年纪的单纯，但也时刻透着警惕与不安。

不常与外人打交道，他说这一点我们倒是很相似。见惯了生死离别，觉得再多一点的情谊，也会成为感情负担。觉察人越年长越难得去结交新的朋友，工作圈子自然多有应酬，随时可以去与人围坐一桌喝酒聊天，天南海北高谈阔论。一席饭局，多是逢场作戏。不郑重便不珍视，各有天地，没有丝毫留恋。

可我见过他的不同，他的少言寡语表现出温润良善。他对长辈的孝道，不显山露水，只是待在边上。那样的一种心疼，在他轻抚老人的手时，我能感受到。

换上便装，他与我之间不再有距离。他走在前，我跟着，听他说话。他该是怎样的人？或许是有做朋友的缘分。他关切奶奶的身体情况，会在她出院后，继续打来电话嘱咐。告诉我平时要多注意什么，要吃些什么。简单的几句话，温暖良久，他在最后总会说："照顾病人很辛苦，自己的身体也要好好照料，你要戒烟才好。"

他家的小区老旧安详，兜转曲折，楼间是干净的石板小道。平常人家的模样，到处都有人情世故的味道。月影稀稀，随他上楼，见他不时与外出散步的邻居打招呼。

"早就准备好了食材，"他说，"整整一下午都在忙着，打扫房间，清理废物。"医疗器具、药品，林林总总，在家里占据很大一部分空间。居家生活，他也躲避不开工作上的繁冗与无奈，见微知著，他说他根本没有太多属于自己的时间。

家里还有一对新婚夫妇来做客，是他的朋友，顺道请他来帮忙抽血做生化全项的检测。他们准备要孩子，生养下一代，任何一个指标提示都不好含糊，哪怕是脂代谢紊乱、高尿酸血症，还是空腹糖耐量异常，都足以引起重视，急切要知道下一步该是如何。

达到怎样数值才算稳定？怎么解决这些问题？什么状态可以放心生育？他们提出种种问题。他一边解释，一边在厨房里忙碌着。态度亲和，围裙系在腰间，我去打下手。后来，我问他："你的妻子和孩子呢，怎么不见他们？"

他单身，在小区里租下这个房子。父母在自家里，离他这里仅仅几分钟的路程。各自罹患疾病，拖垮身体，又将他的姥姥接来家里疗养，全部由他照料。扛在肩上的担子，分量沉重，三十岁的他没有外人可以前来替他分担。生活的难处，他用脸上的笑意来应对，一一迎刃而解，不露难色。他说："积极乐观的心态，或许可以将身受的苦痛削弱一些。"

饭菜上桌。荤素搭配，菜色丰富。健康饮食，低糖少盐。感谢他的招待，更多的是要谢谢他在日常生活中带来的安全感。小夫妻对他这样说着，我也频繁点头。他的电话不时就会响起，都是他的病人前来咨询。焦虑踯躅，他能够感同身受，不曾有搪塞之意，即使是在晚饭期间。或许每个医务工作者，都能懂得照料自己，并乐于将自己的见识与护理心得与那些身体不适有异样的人分享，令他们不安的情绪有所纾解。平实生活，所遇见的不幸，不过只是个人感受，其实每个人的生活本质，并无太大差别。这是他的见地，工作带给他豁达开朗的心境，经验也恰恰可以用到生活的点滴之处。

暮色深沉，晚饭之后，我准备在他家留宿。新婚夫妇起身回家。

我也陪他下楼转悠一圈。会有邻居过来打招呼，小病小痛的都想求教于他。我说："我的生活一塌糊涂，你的日子应该比我更难熬。"他笑着说："这就是我想见见你的原因。"

小区门口有家便利店，我去买了包烟，递给他一瓶水。快递公司在这里有个定点，工人们正在分拣商品。年轻的声音，操持各种口音。他们很快乐。这是确实。我躲过他们的动作，听他说："在医院见到你，觉得和我很相似，是值得交心的人。不过看你很不开心，似乎是生活对你有所亏欠。这也是我曾有过的想法，觉得对我不公平，只是我想告诉你，不可以这样！"

打闹，玩笑话，见他们的乐子层出不穷。我却只想对以往说声抱歉，一味沉溺于自己惯常的处世之道，并将凄楚酸涩无限扩大，不能够立定心意投身于自己的使命当中去。我开始对不了解的工种有了定向的识别。

新换的床单，他安排我睡在客房并告知我就在今天他已经辞去医院的工作，是他的身体已经应付不来。准备重新开始，可自身不会再是新的。与他多待一会儿，见他动作娴熟地在自己的肚皮上注入胰岛素，我悄悄关上房门。窗外车流发出的轰鸣声仍旧清晰，月光淡淡地爬上树梢。

布列瑟农

渔乡篝火

她的母亲生长在渔乡。那儿气候湿润，雨水充足。天气好时，外公撑起渔船外出捕捞。摇摇摆摆的桨不难拿捏，至少她是喜欢的。把玩一种难以平衡的事物，像是塑造一种专属的降伏品，有着不可估量的成就感。外公嗓门很高，在浓雾弥漫的江潮之中，她能辨别外公身在何处。

因为亲切，她对渔乡有一种特别的感情。在小城时，她平日最不喜哼唱吴侬软语的调子。大抵是乖张的性子，让人心生突兀又睥睨。她自能察觉。然而这种顽抗的心理，总是让人心生嫌隙，而后愈加疏离。

许多事物在扉页就已叙述完备。它能明目张胆地逾越你，却不能再有任何脾气。它虽负荷你所有期许，却并不担保更多诗意。权如你心意所绘的词，多一字都觉生硬。

她总玲珑纤巧，淙淙而行。好似压根就不在意你一般，点滴也好。涩了眸子也不见得感激，如同迟迟不采的竹笋，失了鲜美，不得人爱。

许多事物错失良机或是不予在意，久而久之就会寡淡失意，不再得到半分宠溺。偏生又有单个不屈的，扬着尾巴茕茕孑立。形影相吊又如何，骨子里始终是无所畏惧。

她想念渔乡的篝火。日暮迟归时，外公收桨，在江岸点一团篝火。静候三两渔人归航。他一甩身上蓑衣，浓烈的鱼腥味儿总会见缝插针地蹿入鼻子。她与外婆坐在小屋的深处，窝在篝火旁。彤彤火光暖人得紧。她只记住两位老人沉默之中，契合贴紧的笑意。

外公将身上的潮气烘干。这才拖着软绵绵的木屐，带着她与外婆，一同哼着互相知悉的渔歌，款款归去。身后燃着的一堆篝火，谁也不去熄灭，任它耗尽最后一丝心神，给夜晚江岸的孤行者，施予一星半点的温存。尤其冬夜露重更深，能与篝火遥遥相望，人在幽蓝暗黑、不分边际的江中，便有一份安然。

没有人会心甘情愿地穿着铁鞋而行。太沉重的鞋子，往往使人觉得拖累，一时之间遽然忘却初时要去的目的地。莫衷一是，恍惚不清。然后便有人期许，获得一对薄翼。只要能脱离这双铁鞋，能让身心俱疲的自己轻轻飞起就好，这样就不必花费任何力气。

哪有如此轻易，你唤醒神灯也需要时机。

她第一次大胆吟唱外公与外婆哼唱的渔歌，是她成人之后。她唯有这点乐趣可以挂念，终于不再觉得生硬又难堪。

往往过了最好的时辰，人才怅然若失地等待下一处永恒。若你永远不在意错失什么，就真的会错失什么。然而谁又知道，花颜柳色，在人们眼中不是一样的景色？可是她却明白其中的不一样。纵然是离开江岸，不能再见外公当年生起的篝火，她浅浅吟唱渔歌的时候，还是能够嗅到外公蓑衣上的鱼腥味儿。

终究是不一样的。

于她而言，篝火，是渔乡里的渔歌；渔歌，却是她记忆中的篝火。

赏月

此生里，我最一厢情愿的事情就是怀念童年。

在一个信息臃肿的时代，人们的生活节奏相比二十世纪八九十年代，不知翻了几番。在城市昼夜打拼的人们，能够去一个安静的地方专注地做某一件事，已经成了一种奢望。闹市必有繁杂，尽管人们创造环境，却总不能亲历亲为地去体验那种自然的快乐。

朋友去到郊区农村，体验那种来自乡野的乐趣。一番体验之后，感叹自己缺乏少小的经历。那些特意而为的、有年代感的事物，徒有其表，冠冕堂皇。

那一次，我终于有机会娓娓道来，讲起了我的村庄。

夏天的时候，村子里的每家每户都会在院子里露天吃饭，有时也会在四五点钟就高兴着张罗一桌饭菜，预示着结束了当天的忙碌。院子里摆放一张小而低矮的圆桌，正好四五口人团团围坐。相比在屋里就餐，这样的形式透风而敞亮，流动的空气可以带来心情上的无限愉悦。

爸爸常会舀一瓢干净的井水放于木桌上，那水是刚在人工的压力下涌出的，乡下人常叫它“井拔凉”。水一上桌，孩子们会争先恐后地给长辈倒水，礼敬之意便从那时培养，尽管这万物之源在乡下是如此的微不足道。饭后，朦胧的月色开始笼罩整个村落，孩子们打闹着去找他们的宝贝神器——芦苇，开始了夜晚最为隆重的活动。

早前的月亮有着传奇的色彩。门户临近的人，会照例带上自家的小板凳围坐在一起。大人们会在一旁用枯木或草叶燃起一个火堆。孩子们更有无法言说的乐趣，他们在火堆上点燃那些从地里抽来的已晒干的芦苇（又名“蒲根花”，多数开花，少数结棒，孩子们点燃的即是这种晒干的褐黄色的芦苇棒）。他们嬉笑地摇晃着。嚯，冒着烟的芦苇，有的细长，有的短粗，但孩子们却毫不在意，他们喜欢他们拥有的，那是他们可以炫耀的资本，一个个把自己当成了驱虫的勇士。

我家对门住着的老人，我们习惯称他“蒲扇姥爷”，他因一把神奇的“蒲扇”而闻名于整个小村落。在二十世纪九十年代初，那时候塑料扇还没有普及，大部分扇子都用晒干的蒲草编织而成，它的力度很大，那些夏季聒噪的风在左右来回地煽动下流转。“蒲扇姥爷”的扇子据说是用“雕”毛扎制而成的，贵重无比，一根根雄雕翅羽簇成一排，有着黑白花纹，神气极了！

“蒲扇姥爷”有时把我拉近一旁，用他的扇子为我赶走夜幕的蚊子，我乖巧地听他讲着月亮里的故事。那故事他讲了不知多少遍，从嫦娥奔月讲到月亮里的纹络是“毛主席”在守候着家家户户的老百姓，一遍遍，好像在对我说，又好像在对他自己说。

直到现今，我有时抬头仰望月亮，还会认出“蒲扇姥爷”口中所说的“毛主席”头像，面朝东方，英勇神威。尽管在上学后通过自然和天文课程，知道那些阴晴圆缺与表层阴影的科学知识，可我还是愿意相信“蒲扇姥爷”讲的故事。

二〇〇〇年，“蒲扇姥爷”去世了。我忘记了当天我有没有因为年少无知而欢乐地去看热闹的“白事”，我却清楚记得，那天傍晚迈过“蒲扇姥爷”家的门槛，屋里呛鼻的味道令我难受至极，我看着他被抬走的那一刻有着说不出的心情，我知道我哭了。孝顺的子女在花圈上挂上挽联，我也是在那时候清楚了“音容笑貌”四个字的使用语境，竟至后来在某一堂课上大胆指出同学的用词错误。老师当众表扬我时，问我如何知道这个词组的使用环境，我则久久站立，没有说话，因为我想起了“蒲扇姥爷”带给我的快乐时光，而他已经不在了。

进入新世纪以后，常常走动的门户，减少了傍晚的小聚。人们开始吹着电扇在屋里看电视，笑声一阵又一阵。渐渐地，人们遗忘了“蒲扇姥爷”的幽默侃侃，遗忘了那一汪清泉，也遗忘了那轮拥有神话色彩的明月。

二〇一四年夏，“蒲扇爷爷”的孙子有了自己的孩子，是个俊俏的男孩儿。我听说这个好消息的时候，抬头望天，正值皓月当空。

不知道小男孩的父亲会不会讲起他太爷爷的故事，而他是否也会听得出神呢？

再见了，天真无邪。

空白怅惘

事态畸形发展，苍莽而无常。愁绪钻了空子，生活喜忧参半。脚步虽是漏了半拍，但时日却刚刚好。阑珊将近，抛开琐事，为自己戴上花冠。这是人世间的惯性，它在岁月里逐渐呈现本我的自然。

考究一件事物出现的频率，于忘我中雕刻绵绵赤诚。在交通拥挤的城市不习惯开车或候车的人，会格外钟情地下铁。任它换乘周转，节律步伐也当优雅。习惯出口时重见天日的感觉，刺眼的光芒令人欢欣鼓舞。右臂时常夹着当日的重要文件、平板电脑，有时则是当天的日报。他不显任何疲惫，笑起来更为年轻。周转无数场合的行人，时而装扮气质，时而装扮气魄。热爱是一种选择，自由和极乐。

平凡生存的人不喜占卜。可转念时却很快有自己的觉悟，惶恐的地方相反会给人心安。地下通道吹着萨克斯卖艺行乞的人，格子间朝九晚五安心办公的人，潇洒行走在城市边缘的人。一朵自由行走的花，有着一贯的寂寞。那地下铁的风也着实令人清醒。出了站口，无从畏惧，却也毫不希望可以寄托一些什么。

会在一定阶段天真得可怕，武断之后是强烈的果断，直至最终习惯随遇而安。如同习惯每一个城市一样，色厉内荏，慎独慎微地生存。很难去坚信长久，却总是不舍放下。故事有了端倪，便是成事之始，持之以恒是惯性。察觉一些事情不说即明，是别人无法企及的默契。给自己一个不太长久的期限，如果也曾知晓失望在即。

这是一段空白而怅惘的时期。在选择不明确的阶段，得不到判断，嘲弄已然上了心扉。事情的结果在开始略显苍白，愈到最后就愈发苍白。有幸得到爱情，爱一个人却只停留在惯性之首。有了乐观饱满的心态，它才得以真正持续。楼顶的烟囱冒出缕缕白烟，烧饭人家的生意红火。留在这个地方，已是第五个年头。风从正北吹来，他是一个欢快的行人。晚间，他关上窗，打开台灯读书。

“未曾哭过长夜的人，不足以语人生。”他极度欣赏的句子。常年在外的落寞之人，挨过怎样一段独处的静寂。他置办上好的轮胎，准备来场旅行。那是多年间过度喜爱的敞篷吉普。他将身心全然投入，打破惯有的路线，带上朝夕相伴的爱人。这世事的无常，早该多些覆灭。

过了一座窄桥，便是低矮整齐的屋子。将车驶入牌楼。迷雾乱眼，有笛声遁入，是西双版纳的民间俗曲。他牵她下车，她提着长裙露出不自然的神情，住进竹楼小憩。他们在阁楼间目睹一场风的经停，品茗端坐。此间眼中生出万分信赖。他告白，说："我曾以为，仅凭我的意念，定是可以在每一处风来的地方找到你。只看一眼，然后就会继续漂泊。直到每日每夜你都出现在我空洞的梦里，填满我乏味始终的行走。"

隔天，他们起身继续行走。在路上，他谙熟车子的惯性。在心间，他则扔掉惯性，就像扔掉一个沉重的包袱。一路上，他们或缓慢自如，或飞奔疾驰。他好似回到了少年，像斯蒂芬·史宝奇《壁花少年》里的Charlie一样，他看到了无限。

他的吉普车尾部印着她亲手制作的笑贴纸，上面写着一行英文。

It's very cool.（一世逍遥）

三十

窗外，灰色的天空。病弱的晨曦，逐步走向尘嚣，腐坏，终将销毁，像每个人的身体。

在黑暗中张望，却听到潮水撞击海岸的声响。这是潮湿的寂寞，衔来一波又一波的忧伤。

来，来。请跟着我来。

那时你不过才二十岁，以为有的是勇气计划将来，才不理会什么局限。你暗暗许下一个承诺给自己，但对这不该有的想法却又常常忧虑，知道只有外界不加限制才会有安全感。你的单纯勇敢一直给我指引，多年后，我仍时常想要抱紧那时无助的你。

那个雨夜。你冒雨跑回家，发生了什么？会一遍遍洗澡，手掌泡到发白。然后整个人浸到浴缸里。流泪，不再有妄言，失去多种可能性。

你跑去楼顶。见到盛盛的房间亮着灯。明天，新学期就要开始了。他的暑假过得好吗？自从退学后，你不再找过盛盛。彼此断了联系。唯有在晚上才会一人跑到楼顶，看着对面楼里的盛盛房间的光。有时也会看到他在拉上窗帘的窗前走动的身影。模糊的，却是随时想要的影子。你抽烟，第一次买来的香烟。在雨中点了一支，很快又熄灭。一阵风吹来，你呛到了嗓子。然后，爱上这种感觉。

你选择退学。过得很不好。在那一年临近暑假前就不再去学校。天天在街上逛，经过了很多人。乘车，行走。没有目的却是种释放。行走疗伤，用疲惫压制难过，好比用做些琐事来麻痹自己。每天晚上都要进行思考，想着这一天的事情，做的是对还是错。

那段时间，你不想早早融入社会，也是不愿在还有美好幻想的年纪，就结果于父亲的独裁武断中。拒绝父亲安排的工作。决定重新上学。就在那个夜晚。下着雨的晚上。父亲不再给你机会，看你提着行李离开。回想父亲的话“有本事，你就别回家来”。即使心里徜徉，有诸多不舍，可你也已抛在雨水中，深埋在眼泪里。

还是决定再去看看他。离开家径直走进对面的楼。你知道你敲门进入后，他的父母肯定会一脸惊讶。这么晚了。你淋着雨，又提着行李。要去哪儿呢？他们想问话，但你“嘘”了一声不想惊动房间里的盛盛，小声对他们说：“我来看看盛盛。一会儿就走了。叔叔阿姨，也是和你们道别来了。”

推开门，盛盛坐在书桌前的椅子上。打着电话，欢愉表情洋溢幸福。与你形成对比。你站在门口，没有声音。呼吸也好似停止。静静地看了他一会儿便轻手关上了门。离开时，能够留下的，是你独自拿着行李离去的背影。清瘦的，湿漉漉的一个背影。你与盛盛的那些曾经，就在你关上门的那一刻已经完结，像电影结束即将打出字幕。名字该是写着，盛盛与……

下楼，还没走出小区，你又回过头看了看盛盛的房间。你知道，就在那扇窗户，那面窗帘背后，正有一个影子，站着端详了很久……只是，他没有那勇气，再对你说：“来，你快来。快到我的身边来。”

是不是所有事情的第一次都要有纪念才可感觉深刻或是值得。就像第一次吸烟，第一次爱上某个人……太多的第一次，你现在还能记得几样？

或许你已不再需要任何人。是的，不再需要？就像一株含苞待放的花朵，在争奇斗艳中孤芳自赏，同时也在等待着时间的裁决。丰盛与颓败，也都各有其时。你寂静的性格，在之后遇到的人中，有着很好的人缘。受到周围人亲切的簇拥，但你却不想与之有更深的交往，你是怕离开时，很难再承担多余的想念。谁会留在身边，肯定不再会是十年前的盛盛了。

栽种有时。我相信这一切都是前世已经注定好的。

历经酸楚苦痛，原因在于自己的无知，对欲望产生了幻觉。幻觉又滋生出丑陋的欲望。再接着，就是你不能再用身体承接纯洁的爱了。爱，你要明白，有多种多样。可我现在已经分辨不清。唯剩自我，是可靠的相伴。在自己选择的道路上辛劳地奔走，求得肉身存在的真实感。青春的感念并非血气方刚，只是某些印象深刻的事件成为人生的转折点，才会时常令人想起。

度尽苦难无尽期。反正，我知道日子再怎么胡闹，终归在累的时候，还是要睡去的；反正，纵有不尽悲伤，即使前路茫茫无尽，我也要怀抱光明奔赴向前；反正，碍于个人的能耐，每个人会从生活的固有教条中获得不同体会。偏居一隅，力有不逮，睁开眼便会释然脚下的这条正当时的路。

在三十岁生日的当天，赶上一场大雨。想起了二十岁的你。

花样百般

生活中，花样百般的人都无比快乐。自觉是这样，给外人的表象，固然也不会差之几厘。

常见一些男女，各自有其癖好。并不执迷，到了一定程度上，转换其他。爱好不止一项，与生命缔结，却会在偶然时脱离那种奇妙关系。例如热爱沙画的女人，心灵手巧，一幅画浑然天成，毫不费力。商业演出，自信百倍，备受瞩目。私下里，偶然作画，练习到极致，抵达心旷神怡的境地。便不再手碰任何东西，以示停歇。当然，某一天她定会自动拾起初衷，这样的爱好大过一切新的培养。

设计师装修样式一致的房屋，根据喜好，投以不同的色彩。他们不得不根据他人的要求完美告竣，有时不得已违背初衷。色彩在过程里逐一汇聚，百般花样应接不暇。或许会心生畏惧，做惯了有序的工作，百无波澜自觉过于平常。然后开始另一段新生活，制作招贴、展牌，与毕生致力的建筑学并不完全脱离干系。如此周转几个城市，新的城市面容、空气、阳光，都值得他为新的地方，加注更多新鲜。

嗜好唯一的人，骨子里显得偏执。爱一件事情成性，本该创有业绩，事实却不得如愿，当摈弃了生活的其他性质，生活会索然无趣。想法单一，心意直通目的。长此以往，哪怕投入再多精力于专长，也愈显单薄而不得志。

有时候，关注过多，频繁巧弄于多个爱好，也会产生厌弃感。令自我苦恼，学艺不精，像雕琢的半成品。偶然间在生活里偷闲，攀花折叶，注目相看，忽觉豁然开朗。诸如此事，忽觉并不高端复杂。爱好的意境固然弥深，却时有牵强，唯有卸去繁冗，才是生活归处。

他们懂得变通，驾驭生活，调侃生活，在生活最平实、最静谧之处花样百出。

迷恋某种爱好的人想被他人肯定，但人们有太多偏见、不解，甚至不认同。他们的渴望、欢喜常显示在脸上，众多言辞行为都带有热忱。本是神圣、不容鞭笞，却终在亲近之人的冷眼旁观下，变得微不足道起来。放弃时，喉结生疼。舍弃毕竟是件难事，无法用语言丈量。为了生活适当放弃一些事物，相对减少爱好，将快乐在其中放大多倍。

一些幸运的人，得到伙伴的支持。精神的力量远超出物质。在对方眼中，百般花样如生活点缀，调剂生活的索然乏味。尽管频繁，也并不觉得劳累。长期身体的疲惫，在爱好里得以安慰，使之升华。能够得到这样的亲友或爱人，是修来的福分。他们各自语重心长，加以肯定，恩泽在花样百般里得到永恒。

多年以后，那画沙画的女子，仍在作画，水墨，素描。

设计师回归最初的城市，在图纸上设计样式一致的图景，一笔一笔，面带会心笑容。

愿闻花香之人，即便粗茶淡饭，做得也会比同类人精致几分。栽花种草，心无束缚。他在生活里做最小的事情，不觉落寞，怡人自得。

人事无常，还不是要舍弃良多。那些执迷的、放下的，都成了生命中美好的事情。

没变的，独是热爱。只不过你要知道，无论那人说什么，做什么，都是没有丝毫恶意的。

他

孩子长大了。旧时玩具搬进了大仓库。掉了漆的玩具车，断了手臂的变形金刚，等等。

母亲叫来孩子。他已成年，身体健康，眼睛明亮，体态壮硕，笑声爽朗。

孩子坐到母亲身边，同她翻看相册。在小河边抓鱼；在路边拍打小皮球；踮起脚来摘树上的枣；还有在公园麒麟铜像前傻乎乎的笑。

她问孩子："还记得小时候的那些事吗？明天你就结婚了。希望你一如往昔般快乐。"

孩子说："没有忘。感谢您的养育之恩。"

父母的疼爱，如无形的大手，紧紧抓住他弱小的肩膀。在他幼小的内心世界里，一切懵懂的未知，只有在寂静无声时才唯唯诺诺，他要在父母的眼中表现出活蹦乱跳的欢乐。他幻想着，与喜欢的小伙伴一起在河边听汩汩作响的潺潺流水，渴望着与同龄人在路边踢球玩耍，但是这些他都不可以。他只能在家中，踮起脚来摘树上的枣。

父母意识明确，拒绝一切看似品行不端的学生，与自己的孩子成为朋友。在母亲眼里，儿子是最好的少年。是父母的爱，令孩子卓尔不群，站到群峰的顶端。他已经下不来了，没有绳梯能够助他迈出接近自己理想生活的第一步。父母则永远站在他的身后看着他，为他打理好一切，静静地想着他一定很快乐。

学习优秀。他在众多同龄人面前，骄傲自负。得到其他同学的崇拜。有小女生在放学时，会把写好的字条放到他的位子里。文字可爱，笔迹童稚，“可不可以和你做个朋友”。

渐渐失去了朋友。没有人愿意与他为伍。他反而觉得没什么不好，因为会有父母陪着他高兴。即使上了初中，母亲还会按时接他回家。边走边问他：“儿子，想吃什么？妈妈回家给你做。”

有些难过。他见到同学们每天上下学都是朋友陪伴，可他只有妈妈。他问妈妈：“我身边怎么没有一个朋友？是我哪里做错了吗？”

“没有。儿子，你要记住，你是最好的。没有人能比你好。你要保持下去，学习好了，以后什么都会有的。”

是在什么时候，他开始怀疑母亲所做的一切呢？也许是从幼小的童年开始的吧，不确定。只是在上高中时，他觉得心中寂寞的怒吼异常强烈，已经控制住渴望成长的心灵。将来会走去哪里？忧愁开始点缀他的眉头。

高中，他寄宿在学校，那是个重点中学。

开始对周围的人失去信任。对待老师也是如此。绝对地以自我为中心。心理失衡，濒临决堤。再有一点雨水，他的海港就要禁不住汹涌的巨浪。眼泪是雨水，冲击他澎湃的海港。他的世界，曾经以为自己可以呼风唤雨。这是母亲一直灌输给他的思想。他以为自己坚强，可以抬起头来，轻视一切。

只是越来越多的眼泪，让他觉得母亲的话，没有办法再执行下

摄影：杨千瑞

去。重点高中，学生都很优秀，他在其中并不出众。对于要强、拔尖的他来讲，没有办法接受这样的打击。他很努力，认真学习没有其他杂念，不比其他同学。处于青春期的孩子，对于一切都是好奇的。比如，他们会在这个懵懂的年纪，偷偷地挤出少许的宝贵时间，谈一场恋爱。

这时的爱情，是在操场上与喜欢的人一起散步聊天，在周末一起看场电影。但是，他都没有。没有人陪他吃饭，陪他说话。全部精力，他都放在学习上，花大力气去研究其他同学都做不出来的几何题。这是他的骄傲，每次看见考试成绩有所提高，他就会在心里笑出声来。这样一来，母亲在周末就可多给他一些属于自己的时间。他用这些时间，可以走出家门，看看开放的花和游来游去的鱼。

夏天，他想恋爱了。

夏日炎热。每天傍晚，他都会走出宿舍，去操场跑步。一圈一圈，直到谈恋爱的同学，都各自走回宿舍。他才停止奔跑。坐在看台上，身体滴落的汗液，是他数不清的罪过。他不知道自己一直以来都在做着什么，好像只是为了母亲而活。他从来都不快乐，但在父母面前还要装出很开心的样子。

静夜无声。他要大喊大叫，才能安静。随后，躺在看台上数着点点繁星。

有些事情，他无法解释，也不想知道真相是否存在。母亲告诉他，他是世界上最好的人，没有人可以比得上他。

那么，好，他相信。

在图书馆自习。他阅读大量书籍，好充实内心的空缺。图书馆有大大的窗子。外面是娇香的玉兰花。这时正好。风一吹，香气扑鼻。站在窗边，他借风来嗅。耀眼的阳光里，有女孩子在水池边玩耍，穿着好看的格子裙，眉目纯净，像河水般淡蓝。

看着她们玩闹，他笑了。紧接着，却又感到厌恶。因为这就是寻常。与其和她们建立关系，那还不如承认自己就是平庸。这种反常，是他的母亲告诉他的："没有人可以配得上你，我的孩子。"

转移视线。他要去够那不能实现的现实。

于是，开始拒绝一切平常。

他长大了，考虑却少了很多。经常念旧，会翻看原来的照片。最爱的一张照片，是和父母外出郊游时照的，也是他十岁的生日照。可爱的小男孩，拿着冰激凌，站在麒麟铜像前。妈妈说给他照相，他开始不想，因为嘴角的冰激凌还不舍得擦去，但又怕妈妈不高兴，于是摆出笑脸来，笑得傻乎乎。这张照片，后来被他摆在床前。

照片中，不仅他一人。那时外出游玩的人很多。身边还有个小男孩。比他稍微高出一些。嘟着嘴，看上去很不高兴。他记得男孩的母亲说："儿子，给你照张相吧。"

男孩说"不想"，但男孩的爸爸跟着说："不想也得给我照，不能什么都随着你。”

他从来就没有勇气驳斥父母的话。他孝顺，怯懦。面对生活，他根本没有主张。就算长大了，也是听从父母安排的一切。难怪过去这么久了，他还记得那个小男孩一家人的对话。

常常做相同的梦。一个没有颜色的夜里，下着一场不期而遇的雨。雨打屋檐，有个孩子坐在台阶上。他见那孩子在默默流泪，就上前坐在孩子身边，问：“下雨了，你怎么也跟着哭呢？”

哭着的孩子，不回话。呆坐着望向前方，那里有条小路，泥泞脏乱。路边的野花衰败，不见芳香。孩子突然开口：“带我走吧，不管去哪里。”

“好。那你别再哭了！”

孩子说：“叫我不要哭了。可你不是也一直在流眼泪吗？”

于是，两个孩子，脱去破烂的衣服，在大雨里奔跑……

戒瘾

她的殷勤执拗，木年毫无所动。她找到一切机会主动接近木年。

她与他一起开会、出差，甚至出国。前一阵儿的日本之旅，正是她陪着他。原本以为工作完成后，她可以和木年在日本单独相处，增进彼此感情。但他却在工作完成后，独自离开。这让一贯傲慢的徐可言，第一次尝到挫败的滋味。

为了知道木年有没有吃掉自己为他准备的早餐，她会借机端去一杯热牛奶，然后冲他笑笑。但木年却会不假思索地说只喝咖啡。如果次日，她端来的是咖啡，他则说需要白开水。

木年的无动于衷，并没有击退可言要得到他的信心，反而是越挫越勇。她相信这就是爱，觉得这些闹剧只是增添气氛的小插曲。她的天真固执，愈演愈烈。下班时，她会等他一同乘电梯。逼仄空间，她靠近他，旁若无人地伸出手来挽住他的胳膊。看到木年在自己面前有些不好意思或是不耐烦。她则会时机准确地冲他笑，摆出可爱状。当然，可言一直以为在彼此的关系中可以控制他。因为她相信自己的能力及认真的态度。但她却不知道，这被过于放大的力量，在木年面前并不管用。

他不讨厌她，也不欢迎她走进自己的世界。木年知道，他们根本不是彼此的对手，也始终不能站到同一高度。材料不同，所以达不到平衡。不能平衡，他们的关系也就不能长久。如果爱情是场交易，那就需要双方各有付出。没有交集的话，他不知道过了几分钟的热度后，自己还能给对方怎样的回报。木年能够肯定的是，这个女子并不适合自己。他内心明了，尽管想法天真的女孩还会找任何机会接近他，或是给他打电话。木年前往雪冉家的路上，就曾接到她的电话，希望他参加圣诞酒会，因为她想让自己的父亲了解他。

了解？木年自始至终都没有想过会有某个人来了解自己。他从来都是不卑不亢的。静默寡言，强劲有力，难怪雪冉会对他说："你的眼睛很好看，像我的一位老朋友……"在遇见雪冉之前，他没有主动接近过任何一个女孩，甚至没有过亲密正式的举动。木年自视甚高，不能轻易把自己的一切交付给任何一个不相干的人，同时也很明确自己想要并能选择的爱情。这是一道光，是他伸出手就能触摸到的温暖质感。所以他要接近雪冉，并要掠夺她。这不能全因寂寞，也许他在为自己找个能量匹配的好对手。他相信这个人就是她——柯雪冉。

冬日夜晚，风很冷。路面上留有没能及时融化的冰。雪冉在咖啡店点了超大杯半糖摩卡。可以暖手。街头拥挤，写字楼亮灯的窗口，寥寥无几。她招手拦车，并不多言，戴上耳机。流连街景，路过一如既往的灯红酒绿。挥霍青春的额度，年轻人在街上嬉闹。她下车，穿过喧嚣，开始离群索居的生活。阶梯，脚步，窸窣。她回到住所，喝了一碗冷汤后，躺在床上查看木年的信息。

他在临行前找过她。要去日本学习，想问她需要带些什么回来。她笑而不语，站在风中，与他对看。两人谈话气氛不融洽，似乎要消融一切对立。需要时间，关于你情我愿的消化。感情若是难得，婚姻会被升华。可他对她的提问没有作答，以现实艰难为敷衍。他的思考犹豫显然伤害到她的全部。作为一个女人，她相信她的全部就是能够与相爱的人在婚姻中牵手百年，可在他的性格里有积习的瘾作祟。于是，她说：“我给你时间。”

选择令自己舒适的方式生活，能够将习性好恶安排妥当。人情世故，世间种种，无不由内心牵扯。欲望持身，亲吻会成为日常需要的瘾。神情萧瑟，悲痛自然也会上瘾。对照自我，窥见行踪，隐没天地间时，记得要作出牺牲。

如此平静，也许是谁想打造的一段华美的情路。关于爱情，他已经知道，没有谁对谁的爱，是无可取代的。他在街边独自看风景，喝过一杯咖啡，然后，眼神慢慢后退，像句告别，在明摆的事实中。路灯走了，他想说再见，留给心中的人。

私语

黑暗里，地面积存了大量的淤泥和雨水。她凝滞了片刻还是决定任其流淌，漫成一片的水，在清冷的月光下显得异常突兀，就似与这个城市格格不入的她。她没有朋友，连个说话的人都没有。忽觉疲惫，那种压抑让她不得不大口地吸纳周围的空气，仿佛被开膛剖腹的鱼，被摘去了肺泡，濒临死亡。她在沙发上蜷成一团，人总要有着保护自己的姿态。

她想用掌心盖住这铺天盖地的黑暗与凄凉，然而屋里的黑色无耻地笑着。它在戏谑地刺激着她的承受能力，人被逼到极致必定会露出原形。纹理清晰的掌心，在此时迸发出另外一个自己，这个看不清轮廓的自己，似乎在尝试窥探她的隐私，刺痛她的伤口。沉闷的空气中，任何角落都塞满了她的谩骂声。她忘却了自己身处何地，随着时间的推移，这种仇恨渐渐变成一种回忆。她们的斗争只停留在黑暗里，不远的门口透着些许微薄的光亮，她们都即将离去，她和她。

沉寂在一定的境况下，会如同过了保质期的蛋糕，腐败发臭，尤其在证实自己一无所有的时候。但是，18岁之前的她，并不是一无所有的，至少她有个……该如何形容？是患难与共，还是生死之交？又好像并不确切。只是两个对鳞次栉比的楼宇有着共同不满的人，仅此而已。她和他不常对话，也不会相约见面喝茶，比陌生人还陌生。但是他们能够交心，那是一种默契。她那时候还会微微发笑，那个时期，至少让她不再只能对着庞大的世界窃窃私语。

他们在为数不多的交谈中曾探讨过三个问题。

一为蝼蚁之道，微小如蝼蚁的人类在大千世界里该如何自处。

因她时常对世界的抱怨，他就给出如此回答："世界太过庞大，无人能及，作为细微如尘依其而生的附属品的我们，在巨大的孤独气息中，不免生出一种相依为命的错觉。嗯，一厢情愿的错觉。你因它而孤寂，它不一定感知你所谓的付出。但也不要恨，太痛苦了，与一整个世界为敌，更多的会是有心无力。"

她不解："你不也对这世界充满敌意？"

他笑："我只是不喜欢这个城市，并没有厌恶这个世界。我只有在意识涣散时，才觉得天地以万物为刍狗是不仁的想法，然而过后便会发现大错特错的是自己。把所有的错，归结于无意识的世界，怎样看都是自身对错误的逃避。所以尽可能让自己保持清醒，天空与城市无明晰的疆域，我们却要分清自己处于哪个位置，不要盲目去爱，不要麻木去恨。如此自处。"

二为虚假真相，眼见为实、耳听为虚到底是不是真的。

谈论这个问题的时候，正值阴雨缠绵的初春，他膝盖有隐隐的痛楚，却还是顶着细雨与她轧马路。感觉万分漫长的水泥马路，每条路的终点好像近在咫尺，可是，每当走完一段距离，

摄影：杨千瑞

似乎又是另一个开始，回到最初的情绪周而复始。很多东西或近或远地看，会截然不同。她记得当时，在看到眼前桥梁的时候，百米之外，它宛若海洋的一个边缘。“我说桥在那头便断了，你可信？”她眯眼笑问。他也笑：“眼见为实，耳听为虚。当事物近在眼前的时候，总有别样的情景在它之后。”果然如此。

三为未完的交集，因他未讲完便消失得无影无踪。

他说的最后一句话是“似乎人都是这样，总是埋怨所拥有的不够好。然而人心不足蛇吞象，最终失去的是什么，要见血才知晓何为腥”。她头脑一时发蒙，是不是自己想留住他的心太明显？一阵阵的心虚袭击着她的心，血气都要涌上喉咙。

后来的事，把记忆里面的东西层层剥开，一直持续着模糊的状态。人都有感觉自己衰老的那一刻，衰老的速度往往与一个人心智成熟的速度成正比。他教她的益处良多，黑暗让她频频回忆。这些话语就像放飞在高空的风筝，一下子使她豁然开朗，她曾经不懂他离开的原因，如今却有些明朗，人需独自成长，苦难欢笑俱是握在自己手中。

银色的小剪刀，手柄透着清澈的光。头发的断裂声，显得清脆、美妙、果断。它们坠落在地板上，将脚趾覆盖。了无声息，那些私语也随之被空气湮灭，被月光吞噬。

麦田

近来的南方并未飘雪，整日雾霭的天气，令人略略生畏。以致走在街角都恨不得贴着那青砖绿瓦，生怕身着的披风抵挡不了层层汹涌的寒意。

这里的一切，都保持着二十年前的样子。姑妈来电时叮嘱我小心路滑，并没有提及这个村子。大抵是想我并非初次到来，也无须过多担心。这个村子只有小路逶迤，姑父骑着辆半旧脚踏车，在暮光中沿路而来。那脚踏车极好认，绿漆白纹，一摁铃，清脆响亮。

姑父一眼便认出我，眉眼舒展得如同夏夜明朗的星空。听他默默地说来这里就好好待上几天，我默默点头，了解他是这般好客又朴实的人，诚恳的颔首致意，或许胜过一切寒暄。当时我坐在脚踏车的后座，任碎花裙摆飞扬，额前碎发迷眼，一点也不声张。只不过，我在望见小路深处的那片麦田时，再也无法保持缄默，不自觉地声张与尖叫。

姑父被惊吓，大抵是我叫得太过凄厉。如同断食多日的小猫。他只得铆足力气踏着车轮将我带回家去。那片麦田，仿佛撒落的魔影，映衬着上面真实而倒悬的天。这绿意惹人的风光，令一颗年轻的心微醺。

去北方城镇时，我蜷在火车上睡了三天。极不踏实，身旁的人换了一茬又一茬。就连问候也总觉得拘谨。你开口总是细声细语，而别人一开口，就瓮声瓮气。

“小麦”却不是这样的孩子。他笑的时候，酒窝藏着微微清泉。他手指修长，掌生薄茧，声音清朗得像玉壶春露，醉人的悠长。

我总是偷偷跑到那片绿田，赤脚短裙，捏着一块酒心巧克力或是奶糖，立在一旁看着守田的“小麦”。晨曦暗得不现实，我透过车窗看到断续忙碌的人们，体会劳动的艰辛与乐趣。那些扰攘的城市与倾斜的建筑，是会毁掉孩子的梦境的。许多谜语，尽力去猜总会知晓答案。但更多的谜语，无论如何，也不能领悟一二。万物成为不可解的环，令人好奇。

摄影：杨千瑞

回到小城后，依旧可见小巷深处晾晒的花衣裳。仍旧有三两个大汗淋漓的孩子赤足奔跑，笑容洋溢。父亲接我上车，我播放车载音响里的古典音乐。阖上眼睛，我仿佛走入幽僻的小径，两旁的麦苗睁着惺忪的眼眸，应着风的讯号，泡沫一般温柔随意地摇摆。

这是一场梦吧。

门口多了一架闲置的火炉。母亲用它熬绿豆汤，每每饮时，总会令人想起绿色麦田。多年后有一日去友人家，餐前饮下浓香的绿豆汤。一时竟然颇为动容，当夜打电话问候姑妈，并提及过几日去看望她。姑妈当下答应，一时连声笑我，问我是否还惦记那绿意盎然的麦田。我一时哑口无言。

人总会选择在静安尘世中笃定而行，不见风浪的日子似乎刚刚好。然而若总是不知所行，反而郁郁寡欢，不得所终。若能裁剪那一知半解的岁月，或许此后，也将得以安生。

终是又见那片麦田，却丢失了夏日绿意。本来不觉其他，却见田外嫩叶抽长的茶花让人心中一空。一连几日握着糖果候在浓雾中的田边，却始终不见当初那个守着麦田的孩子。

最后一晚留宿在这里，满屋子的人围着火炉说笑。不知怎的话题扯到我初次来到这里。姑父夸张又写实的表演我当时见到麦田的模样。我笑得溢出眼泪，问姑父怎么不见当时守候麦田的那个人。

姑父听见后一脸讶然，他声音如同海面吹来的风，缥缈冷清，不藏任何感情:“还有这样一个人？”

事到如今，我却不信那只是一个梦境。至少当年夏日，裙摆风吹而动，麦浪翩然舞蹈。自然又孤独的少年与我。

布列瑟农

马修·连恩在一个叫布列瑟农的小镇，爱过一位女孩，就此度过一段无比甜蜜的时光。后来，女孩去了佛罗伦萨进修艺术，他也不得不随乐队到慕尼黑继续他的表演生涯。离别的火车上，睡梦中的马修·连恩隐约听到了一段旋律，他写出了《布列瑟农》。

那是一个迷人小镇，是他母亲的故乡。旷远的旋律唱出他对这片土地的浓烈爱恋。憨厚声线，音质澄净，唱透风情。后来的《重返布列瑟农》，有着与苍茫岁月遥相呼应的追忆。这是一段美丽铺张的情事，每一个再度回返的人，都有着心血上涌的怅然。你不在，所有好景，只是没了浇汁的牛排或见了底的酒杯。连恩在低唱：看着身边白云浮掠，日落月升。虽然火车将带走我的人，但我的心却不会片刻相离。

在星罗棋布的夜晚，听一支轻爵士曲。情绪低落时请保持片刻地缄默。耗时较长的工作，带给我天南海北的奔波，起初，是对各个城市的目睹和领略；长久之后，对归属感几近忽略。没有因为孤单而做任何毫无意义的声援，纪伯伦说的“有光而无眼睛，光亦等同黑暗；有声而无耳朵，声亦寂静默然”。我拎着手提袋回归住所，站在斑马线上，天昏地暗。旋转手机拍下一张全景照片，成为对一个陌生城市最精确的写照。果真是这样的，生活在别处。是夜，清风，无眠，创作。

那次长久在外的工作之后，有了一次短暂休假。告别滞留与游玩的同事，辗转几个城市，毫无确切的方向，只是沉淀的回归。我所在的小镇有喧嚣的知了，那是夏季结束前生命的赞歌。我们相继走过几个相仿的城市，仿佛在重温着什么。所有荣耀的回归和情感的释放。独自躺在会创造梦境的床上，不是每个人都能在一蹶不振后重拾勇气，千帆过尽，又风光无限。形态自如的生活，终于成为一场虔诚而难得的修行。

母亲比往日更加忙碌。每每归来的丰富晚宴，似是有着几分生疏。休息过后重新熟悉环境，岁月刻在人心深处的密痕，也需要缓冲。爱像通往无穷的羊肠小路，尽管岔口无数，却始终留有一条可以原样返回的路。这样的方向，通往生长的地方。

褐色的门把手，握上去感触颇深。也曾踮起脚打开它，去向另一个天地。童真大笑和淡泊浅笑，是时间最明确的书写方式。

难得在清晨早早起来观察鸟的踪迹。地面的凹陷处因前一天的大雨形成了清澈的小小湖泊，我在安静地倒影里，看到穿着漂亮雨鞋欣喜奔跑的孩子，大人们则悠闲地坐在门外嬉笑，他们脸上浮现的笑容，证明雨水的充盈定会带来巨大的丰收。

我的视线开了花，一小朵、一小朵，挂在树上。只等一声春雷，情感泛滥，覆盖你居住的城。如果情感也能冬眠，那该多好。我也可以不思不想，静静等待下一个春天。

那些在安静的午后，悄悄地看云雾渐起、大雨将至的日子。它是我的童年，我的布列瑟农，也是无法被取代的珍贵记忆。

谈笑风生

谈笑风生

她是一位机趣的女子。

与她相识，她正是最好的年龄。优雅和从容的言谈似乎是与生俱来的，这让那些年长者不自觉间颔首微笑，以表欣慰。

她和众人欢颜笑谈，酌一杯清酒，款款大方。她谈论的多是其擅长的话题，若是遇到令她生疏哑口的言谈，她则选择倾听。人们说，对于自我不擅长的事物，要么懂得规避，要么转变成聆听，切勿词不达意。在她身上，别人无法看到本能的迟钝与反应的延缓，这就是她的聪明之处。

那时的她，沾染烟酒的气息，但从不沾染是非的气息。这是她对自我内心的过滤。

然而她又是多变的，极少人可以轻易捕捉到她的目光，却不知她何时在不声不响中将眼底的真诚传送了过去。她的热情有限度，知道何时煞尾才是恰到好处。如此一来，当她在别人的生活里告一段落之后，就会充当被谈起、忆起的角色。

她长久没有联系任何人，有次接到她的电话，邀我去她的新家做客，话语里听得出兴奋。我以为她是怕寂寞，毕竟一个女子辗转于城市的边缘，生活的不易并不只是她脸上的呈现。

她在站台的大厅等我，灯光打在她身上。从头到脚都是随意的，甚至穿了简单的棉拖。她的右手用透明的塑胶袋提着两瓶酒，不时发出清脆的碰撞声，是欢喜地迎接的声响。

出了站，那是块荒芜的地段，杂驳冷清的路径黢黑一片，竟有几分真实的味道。不料，她轻巧地绕过铁栅栏，我跟着，接下来的情景令我讶异万分。

那是一整排安静等候乘客的出租车，并没有牌照，也不叫喊乘客，他们似乎在这个竞争十足的城市，只做着分内的事情，出勤的人，必然通宵达旦。

“哟，这么快就在黑车一带混熟啦？”平静的气氛令我开了口，我打趣地说。

“Of course!”

见她不假思索地回答，我笑她的无赖竟然没有任何遮掩。她的新家，坐落在只有一侧路灯的地带，不大不小，是属于她的整座房子。她没有自己的车子，但却落得自在，那是她某种程度的不拘小节带给她的欢乐。

“不想找回以前的生活？或者，找个爱人？”

“你以为我找你来，是当什么？”

我为这样的幽默谈笑而折服，自知她还会有更多的胡搅蛮缠，但我知道，她的心足够诚实善良。

这是她失恋后自我治疗的方式，善于自嘲或者嘲笑别人，若是不带有任何刻意攻击，反倒是种内心的解脱。每每与外人喝酒畅谈，也不知是哪里来的吸引力，最先被人认可的，一定是她。

或许在这座城市的陌生人之间，还有众多像她一样内心豁达的人。他们并不会相聚，而是成为其他人眼中的主角，相谈甚欢，这样的角色，一群人中一个就够了。

千帆过尽，她再次回到这个城市。我想也许她会爱上一位内心率真质朴的人。

有人同她示爱。她知自己最终不过是个在别人生命中匆匆一瞥的女子，她不笑别人的痴迷，只是一味地谦虚和谨慎，甘作低微的人。

她说："有一天，你终是同别人谈笑风生，却再没说起我的故事。"

那天，她潇洒转身。隔不了多久，她就又会和新的人谈笑风生了。

幽兰曲

会跳舞的女人定当优雅，她拥有目光和掌声，拥有热爱，拥有地老天荒。

聚光灯起，舞姿柔美，惹人动容。一首幽兰，曲到深处，手臂延展，左腿弯曲，她的动作如同她系在膝盖处的蝴蝶结，美丽妖冶。台下的看客热烈喝彩，她则笑得凄婉。

深夜打烊，曲终人散。秋风带着寒意，吹痛了她左膝上的新伤。

在花店觅得一株幽兰，矮矮的，顶端有些发黄。向来不会讨价还价，她信奉植物的主客归属和深切渊源，在这样的深夜，毫不犹豫地买下。她知道它或许很快就会死去。是想亲眼目睹一场死亡的过程吗？

年代骤变带来的危机感，充斥了她的工作场所。那是她流浪的日子。在动荡年代里顽强生存的人，必定身负使命。优越的家境格外醒目，让人避之唯恐不及。她也曾有过心上人。如今，唯有舞鞋陪伴。跳舞如同一场战战兢兢的恋爱，她站在中央俯瞰、沉醉、坚守，掌声根本抵不过发乎于心的热爱。

打开门，她将那盆兰花摆放在卧室的窗台。小小的扇形花盆，不曾上釉，可以看出烧制过程中的痕迹，古朴典雅。泥土里有少许的沙砾和细小的碎石。它居中生长，根部拥挤纠缠，渐次往上，细密的叶分散着，撑起一小方浅浅的绿意。

她将花托在手上细细玩味，越发喜爱。细数它的叶，总共九片，取名“九株”。被赋予名字的植物便有了灵性，它会带来生命鲜活的乐趣。

清晨，阳光提醒她新一天的开始。而她则需要更多的睡眠，以补充夜间工作消耗的体能。

今天有些例外，她跑到阳台看九株。她要悉心养护它，适时地浇水，抱它在和暖的地方晒太阳。有很强烈的一瞬间，她希望它能活下来。她知道每一场死亡的过程都会很痛。她拥有却不敢正视这疼痛。

家中的唱片机发出温柔的声响。音乐起伏跌宕，她跟着旋转。左腿上的蝴蝶结早已揭开，晾着伤痕。

不久之后，她辞了工作去到北方。兴许是投奔某一远方亲戚，兴许是跟随一些街邻去那边做生意。宴厅退回了她的酬劳单和零散的宾客来信，却没有将她的骄傲还回来。她被新人代替的那一刻，就被遗忘了。看客才不会过问来龙去脉，同曲异人，好不乐活。

养过不少盆景，最爱的仍是那盆幽兰。更为忙碌的工作早已不允许她有更多热爱。一支舞就像相恋的爱人，曾承望跳到地老天荒，可一蹙眉，便匆匆煞尾，人也无影无踪。

那间花店，在越发狭窄的巷口，惨淡经营。门窗甚是破旧，窗棂上粉刷的朱红色油漆大片、大片脱落，看不到未来。

她未曾想过回去瞧一眼，尽管她的唱片机和“九株”都留在了那里。

群然和者幽兰曲，快哉当之修竹风。

似是回到了当年，她受了轻伤，丝带是系在她左膝的蝴蝶，聚光灯起，该她上场了。

起风了，你好吗

“北京下雪了吗？尚晴。”

“还没……你怎会想起给我打电话？”

“欸，之前不是说要一起看雪的嘛！”

“那你的妻子呢？”

“她睡了。”

“晚安。”

如同尚晴始终会记得初次见到姜楠的微笑一样，她对他的声音也是识别果断，厚实低沉，不慌不忙。即使在这“失联”半年后的再次通话中，他依然如此……言语中，她听不出他有丝毫愧疚之意，这对她来说，何尝不是一种崩溃的滋味。回想自己在他突然消失的半年里，焦虑不安，方寸大乱，变得不像自己。尚晴只好在挂断电话前，对他说：“如果当初你我没有相遇便好了。祝你幸福，姜楠。”

结识姜楠，尚晴认为只是个巧合，如同靖希与丈夫蜜月归来的当天，送她的银镯子一样，令尚晴不胜欣喜。靖希是她最好的朋友，从高中起就已是义结金兰的关系，互有陪衬地走过青春岁月，彼此从不错过对方的每一次恋爱。虽是闺中密友莫逆之交，但在外人看来，她们两个完全是不同世界的人。靖希的纯粹直接，恰恰与尚晴的单纯不世故契合，姑且能够说明她们情投意合十几年的原因。她们的着装风格、喜好品味各不相同，一个热衷娱乐，从事周刊编辑的工作，一个则是静默持重的自由写作者。即便是同所大学的新闻专业，但日后选择的工种却也预示了各自的生活步调。

尚晴不常出门，作息时间经常黑白颠倒，她沉浸在自己所营造的文字世界中，认为可以见不到欺诈、背叛，用文字传情达意，便能让自己的生活显得从容不迫。置若罔闻，宁可与不存在的人建立关系，也不愿在现实社会中自找麻烦。针对靖希常说的“你在毁你自己”，尚晴会给出这样的解释：“我在发现真正的自己。”

她有过三段无疾而终的感情，不是外在的好坏做了根本，而是她一直在寻找一颗温润良善的心，需要两个人一言一语地培养感情。她从未想过自己的要求在屡次行进的爱情中有何过分。因为从相遇之时的热络，到时日久长的寡淡，她只好归结于双方不够相爱。自然分开，也是时间尚早给予对方好自周全的良方。

她知道，这个现实社会，足够快速地结识一个人，渠道多种多样，可以通过网络的社交平台、手机的软件以及其他聚众的场所，陌生人即刻贴身靠近，有了随时可以交流的机会。而这些维系关系的方式似乎已然成为交往的常态，人们缺少了审慎和考验，失去了能够彼此欣赏的从容心情，更是不再有细腻的心思和克制的礼仪。我们可以对任何一个不了解的人，一口一个地叫着“亲爱的”，使之成为流行的模样。

下午四点，紧闭的房门无法隔绝外界的吵闹，尚晴不安稳的睡眠不时会受室外鞭炮声的惊扰。欢度春节，她至少没有这样的感受，甚至觉得还应该少与亲戚们见面。她只想安静地在房间中知道自己又年长了一岁，而不愿听到任何一个人问及她怎么还没嫁出去。

电话铃声持续，尚晴接通电话，勉强用迟滞缓慢的思维来对话。是靖希的来电，尚晴听她说："尚晴，我回来了。已经在你家楼下，快出来。"

靖希蜜月归来，急着赶来要让尚晴第一个来分享自己与爱人的一路甜蜜。尚晴不好推脱，也正好可以出门走动散心。"治愈情伤，要靠自己的行动，自怨自艾，只是傻子才有的举动。"这话是靖希蜜月临行前说给尚晴听的，还不忘再叮嘱她一次，"自己要开开心心的，等我回来找你玩。"

拉开窗帘，简单地洗漱，她揉了揉肿胀的眼睛，带上围巾便匆匆下楼。社区里的走道被孩子们占据，她见到陪同孩子玩耍的大人们在放鞭炮。天空布满爆竹炸裂时留下的烟尘，到处是喜气洋洋的气氛，如同持续吸进鼻腔里一股一股的年味。

尚晴还没来得及与姜楠打招呼，靖希就将怀孕的消息抢先告诉了她，这对尚晴来说也是突如其来的惊喜。由沈泽驾车，靖希陪同尚晴坐在后车厢。欢笑热闹后，尚晴才开始数落起靖希的唐突，埋怨她好歹应该给自己留出打扮的时间。因为她见到坐在副驾驶座位上的陌生人，转过头来说："你好，我是姜楠。"

沈泽与靖希的结合，在尚晴眼里，如同烂俗的言情小说里的情节。他们是在吵闹商场中的安静咖啡厅里结识……彼此一见钟情，偌大的北京城，不早不晚，他们就在疲惫的时刻遇到了。他们是谁先开口讲的第一句话？这在不同的朋友圈子里，时常需要见证人尚晴出来指正。去年的年底他们举办了婚礼，尚晴是伴娘，在司仪又提及这个“梗”的时候，她打趣般笑着说：“是我给了靖希的机会，她才有幸结识了沈泽。”

一见钟情。彼此满意对方，又不因陌生而产生胆怯心理，这不仅说明对方足够吸引到自己，担心错过会令自己抱憾，还说明拿捏有度的自信心，对个人而言没有言过其实，才可有勇气上前一步说着你好。可直观印象也需要内里作为支撑，外在的好坏，表象的处理，不过都是锦上添花而已。

这是尚晴对一见倾心的看法，因为她深知感情的难得，所以才会一直小心翼翼，关于爱情，她有自己的一套流程步骤，好坏自知，可她的想法与见地总是希望在靖希的每一次的感情生活中也能够产生作用。但碍于当事人的执拗，她也只好秉持自成体系的思维方式寻找自己的爱情。靖希在与沈泽相处半年之后就邀请尚晴做她的伴娘，而尚晴也只好回应一句：“啊？怎么这么快。”

她握着他的手说：“你好，我是尚晴，靖希的朋友……你的眼睛很好看。”

姜楠与沈泽是同事，他们本没有过多交集，不过是沈泽长期出差到上海可以聊天说话的人。就在去年年底，他即将调职来北京与沈泽共事的前夕，托人在沈泽的婚礼上交了礼金。

两人若是相知相随，在万般小事中都得到愉悦身心的乐趣，那么，又何必远游。靖希兴致盎然的讲述着旅游经历，还一张一张翻着平板电脑中的照片，指给尚晴看自己与沈泽相爱的昭示。形式大于内容，尚晴点头回应。她似乎一直留意着坐在副驾驶座上的姜楠。他与沈泽说着工作上的琐事，稳妥，和声细语，时而看着窗外。他柔和饱

摄影：杨千瑞

满的面部轮廓，刹那间让尚晴一阵心悸，如同平静的湖面被落花激起了一圈圈的涟漪。

用餐之后，他们留下电话以便联系。姜楠说他会留在北京发展，还在KTV当中与尚晴对唱了一首情歌。靖希适时告诉尚晴“姜楠想结交你这个朋友”。

她的好意，尚晴领受，并且可以猜出这原本是她与沈泽安排好的。他们的关系在此后有意发展着，不过还是尚晴一如既往的做法。她看重人的脾气秉性，要先有沟通和了解。于是，在过去的一周中，他们一直用信息与通话的方式培养感情。循序渐进，尚晴自认为这样的安排才是妥当。

尚晴定期陪同靖希去做孕检，之后她们会去购置新生儿的用品。在挑选婴儿的衣物鞋袜时，靖希看出尚晴对这些小小的东西的喜爱，会特意问她姜楠这个人怎么样。

“咱们已经等得太久，辜负了美景，未尝不是一种浪费。”靖希的话，是在得知尚晴置姜楠于试探阶段，还没有正式确立关系，她又提及尚晴的从前。每一次的全情投入，尚晴总是不得应有的回报，不免让靖希为她感到不值。可对待爱的方式，尚晴向来秉持感恩和谅解的态度，她从不介意和抱怨，只是归结于不够爱，始终竭力保持着平静和坚韧，看不出她受到伤害的样子，因为她会说：“两情相悦缱绻，不辜负当下便是全部。”

“你不要总拿你的想象和现实相比，你在对自身有着要求的同时，会不会考量他人的想法？任何人都可以明目张胆地与任何人沆瀣一气，你的那个他，能否洒落无染地与你为伍走进同一体系？你想的都是鸟语花香，都是良辰美景，你也不睁开眼看看这是个什么时代……不要忘记，你已经三十岁了！”

你已经三十岁了。这也是尚晴父母在她面前最常说的话，为她的婚姻着急，尚晴也自是无可反驳，只是她觉得缔结婚姻相知欢好，不是她可以半推半就应付了事的，她的目标是要有个至情至善的爱人，可以并肩观赏花月，感受一切流动气息的所在。哪怕是投其所好，也会觉得那是殷勤而郑重的妙笔生花。能够知道牵着手的双方可以走向何处。

父母的打算是不想看到尚晴以大龄“剩女”的面貌整日在他们的面前进进出出，毫不为自己的终身大事有所行动，便四下动用关系开始安排尚晴去相亲。这是他们的责任，却让尚晴误以为是她到了因陋就简的年纪。她与父母常有拌嘴，在家里的滋味也是越发难挨，因为他们总在说：“你已经三十岁了。靖希可都要当妈了！”

她打电话给姜楠说：“我想和你住在一起。”

等的人总也不来，就会渐渐失去目标，以为自己并不是在等，只是无所事事。尚晴从未体会过与爱人双宿双飞的生活，不过却已在意想中不止一次地勾勒出美妙模样。在与姜楠结识一个月以后，她有了勇气，要迈出这第一步。

他住单位提供的宿舍，因为还不确定是否留在北京发展。只是在认识了尚晴以后，他的内心有了偏向留在这里的打算。他发现她的爱细致柔韧，是他没有过的全新体验，又见识了她的恪守本真，如同临摹一幅字画不能与范本有丝毫出入，知道了这是她爱的方式，于是，他对尚晴说“我见到了你的可贵”。

找到的房子靠近姜楠的单位，她的时间自由就想着多给他一些方便。为此与父母解释，说是要去工作室帮助朋友完成一个剧本，大家住在一起会方便创作上的沟通。父母没有怀疑，由靖希陪同尚晴回家来收拾行李。简单的几件换洗衣服，一只小行李箱足够，像是在外小住几天的样子，父母在她临走时还不忘嘱咐靖希说："要是有好的人选，你得给她留意着，她都三十了。"

五彩斑斓的夏日，热闹非凡，日子如尚晴设想的一般按部就班。每日清早，她会准备好早餐，之后，到楼下看他去上班。一杯牛奶，睡前又可让姜楠安神。她要让他知道，她多年的坚持与等候，必是他正确的选择。会约来靖希与沈泽来家里聚餐，分享着各自的相处之道并能对此欢好心悦诚服。然而，在尚晴带着姜楠回家之后，一只灯泡照出两个人的影子，见到的却是有所隐瞒的眼光。毫不自在，充满怀疑，尚晴开始思考这样的生活。

母亲打来电话，告诉尚晴家里接到一份合同传真要她回来看一看。正好赶上周末，姜楠便随她一同回去，这也是尚晴的打算，是时候告诉父母她已经有了爱人。他们在午饭时间赶到，家里也准备好饭菜，菜色丰盛，却不是为了欢迎姜楠的到来。

她尚不知情，不知道父母在家里给她安排了相亲对象。男人旅居国外，他的父亲是尚晴父亲的老战友，说是在他们小时候还见过几次面。他在国外生活近二十年，却在此时回国，因为要替父亲处理老宅子的拆迁问题，也是想舍弃原有的生活，回归祖国的怀抱。

男人与父母聊得起劲，却与尚晴无关。她只是低头吃饭，对任何事情没有表态。因为刚要向父母介绍姜楠时却被他制止，抢先向父母说明他们的关系："我们是暂时住在工作室的同事，正好有空就开车送她来了……"

姜楠不便打扰，不多久就独自回去。留尚晴一个人在家里应付着陌生人。此刻，她怀疑他们之间的爱是否存在，如果说已经生活在一起的话。那么，为何不敢承认他们的关系？她不是无端猜测近来他的异常。不由分说的迹象，使她知道，他对她的沟通渐少。并在他醉酒的时候，怀疑起她的工作性质，还说出她不思进取的话来。她确实没有什么作为，好在自由写作者是她多年来要完成的梦想，她可以怡然自得地对平实生活继续感触。可是姜楠却说："我们来谈谈吧，不然该达不到你的要求了。"

"爱情只是感觉，而生活才是实质。"

尚晴琢磨姜楠的话，在他出差的那一段时间里，她一直在琢磨他的话。她有想过，即便暂时的分别也该有像样的爱情成分依傍其左右。她照常分享自己每一天的日常生活给他，常常发送信息让他告知回来的时刻。一切安静得快要崩溃，姜楠似有搪塞之意的信息也少有回复，之后，尚晴拨通他的电话，问："你到底在做什么？是怎么了，怎么不联系我呢？"

"我在工作，我不可能像你这么闲……所以我不知道该要和你说什么？"

付诸深情涤荡，不免心动、心痛，对于他，尚晴天真的、热烈的幻想，未尝不是性格使然的趋势以及执着的作祟，对他的眷恋几近贪婪，在失去他的消息之后，她要寻求靖希的帮助。

为了纾缓尚晴的情绪，靖希搬来尚晴家小住，她的一反常态，她的崩溃，都是靖希不能忍受的，不愿看到她从未有过的不堪，好似完好的肌体留下狰狞的伤疤再难好转。她告诉尚晴不要再等姜楠。求她振作起来，因为他已经结婚了。

短短三个月的时间，她不信一个人怎么可以绝情到如此地步。姜楠结婚的事，是沈泽告诉靖希的，因为他联系到姜楠，探明实底。姜楠说不会再与尚晴相爱了，原因难述。

退房，不再续租。夏天热闹的、细微的声响和光影已经散场。尚晴搬回家里，重新回归自己的寂寞。家人以为她完成工作而回来，继续要求她与相亲的男人保持联络，因为那人经常来家里小坐，与父亲交谈甚欢，也常常打来电话，邀请尚晴去他的私房菜馆里用餐。

他游历各国，身心自由，与尚晴年龄相仿。在她失魂落魄的时刻，他常常伴随左右。亲自下厨，要让尚晴做他私房菜馆的第一位客人。他并没有将父亲的老宅子拆掉，而是在这条能够招揽各地旅客的知名胡同里建起了餐馆。

与他熟识起来，在于尚晴的时间同他一样宽裕。他们经常在一起研究菜谱，尚晴找到给新生的菜品命名的乐趣。两个人，所求无多，不过是一间栖身之所给予的身心愉悦。即便如此微小的愿景，她与姜楠也没能得以实现。爱与不爱，衡量失去与得到，总之尚晴不再体谅自身所坚持的以往。苦痛伤害成为成长的垫脚石，在昂起头颅的下一秒，会更加靠近所追求的明朗青天。

他说："现代人常常觉得工作繁忙、身心疲惫。灵魂的演出仿佛早已结束，剩下虚妄和空洞的游戏，真爱难以寻觅，两人之间的热度会随着时间的推移失去新鲜感，直到对方最后会成为一道可有可无的摆设，欲壑难填是导致脆弱寂寞的罪魁祸首。"

新年的气氛愈加浓烈，购置年货，他与尚晴走到一起。大年三十，她接到姜楠的电话。新年祝福在他毫无愧疚的语气中显得没有力度、微不足道。忙着在做年夜饭的他突然跑到尚晴的卧室里，拉她往窗边走，说："快看，下雪了，今年的第一场雪……"

尚晴下楼，伸出双手，感受细小琐碎的雪花纷至沓来。这原是要与姜楠一起做的事，现在由她一人来独自完成。若是说尚晴对那段与姜楠的往事已经忘怀的话，却在这个本该大雪纷飞的季节被姜楠的一个电话唤醒。

看尚晴没有穿外衣便匆匆出去，男人随后下楼，站在她身后为她披上大衣。而后，他随尚晴的视线，看到姜楠的车，开出了社区。

拾月流浪

时常在公寓附近，看见一只白猫。每每轻声唤它，它就会乖乖走到我的身边。有次因为更改了作息时间，隔了很久不曾见它。直到某个午后，我刚一出门就见它站在木栅栏里。我轻声叫它，它很快看向我，急声回应。忽然间有泪涌出，我们就这样结下了渊源。

流浪的女子，好比一只猫。即便工作缠身，心也是闲散的。她们无法全神贯注于某类事情，这是女人和男人的差别。

有着小城市风情的女子，偏爱有着传统历史且未被异化的地方。她们眼中的流浪，是无目的的行走。她们会选择一个阳光正好的日子，踏上慢行的列车，行程不必遥远，方向必定明确。短程的话，她们会选择一种简易的交通工具，甚至漫步旅行。她们唯一需要的，就是在风景里寻觅历史，找到感同身受的乐趣。

热爱流浪的女子，有着清新的气息。那些旅途中见证的事物，自打她们爱上流浪，便会自动清除，不留遗痕。她们只存美好的想象，所以经不得印象的反复玩味。那天，她穿了轻柔的长裙，漫步在夫子庙瞻园路，走近秦淮河，才发现昔日秦淮八艳逞才使气、软语娇香的地方，已经变成了不忍猝闻的水沟。她注目良久，长裙在流光中涤荡，风的无情，撩拨着她内心的挣扎。原本是一只温柔的猫，此刻眼神却异常凌厉。她只好固执前行，想要看到她想象里的场景，用以慰藉一颗流浪的心。

好在夜幕低垂，星斗闪烁之时，数不清的红色灯笼漫上山野。人头攒动，热闹如蚁，才稍微遮盖了风景的破败和人事的凋零。她想，大概所有的历史，到最后能遗留下的，也不过是瞎热闹而已。不过这丝毫并不影响什么，她的清新雅致在乡间歌谣里被填补，泛了空舟，胜却人间好酒。

内心狂野的女子，从不故地重游。她们到达一个地方，会远足看风景。她们的内心，有着重金属的气息，走到某处，便要掀起轩然大波。那样繁华硬朗的城市，记录着她们的足迹，但当她们道别时，却又仿佛从未来过。

那样的野性，如黑夜的猫。

无论是甜蜜黏腻的温柔，还是与生俱来的野性，女子与猫有着太多的相似之处，热忱多变，敢于独行。她们的每一次流浪，都不是徒有虚名。相反，她们在别样的风景里找到了耗尽年华的答案。

那一年的最后一天。照旧出了公寓的门，与白猫对话。每叫它一声都有清脆应答。我蹲下来将它抱在腿上，它挣脱而逃，并抓伤了我的手指。后来我走开，它却古怪地在我身后跟着，拉长声音，声调甚是凄苦。直到同我走了一程后，我转弯，与它说了再见。那一年就这样结束了。

其实我何尝怪它，它有着比我更长更疯狂的流浪。

离诉

读词无数，唯有这阙词，总难忘却，其中写到：

醉笑陪公三万场。不用诉离殇。

过去多年后，梦都不再梦到，才有了全新的生活。颠沛之后，才在悲伤里觅得某种情怀，而丧失和告别，是难以启齿的旧事。

无论是何种具象的告别方式，皆让人唏嘘怅然。生老病死，人之常情。个中滋味，只有历经的人能够切实感受。毕竟，世间难有感同身受。

初秋时节，枫叶红得异常好看。我摘下一片叶子夹在信封里寄给友人，友人回赠一枚书签，上面有她亲笔题下地一行字：爱别离，恨难忘，唯有思念最绵长。秀气字迹，力透纸背。她是否用尽一生的力气在书写？思念是害人匪浅的东西，越是想留住，越容易从身边划过。

楼上住着一对青年情侣，电梯或走廊，常会与我相遇。那个女子总是挽着男孩的胳膊腼腆地对我微微一笑，男子却是害羞的模样。他们也会发生激烈的争执。有时，深夜写字来了困意，会泡一杯咖啡继续创作。楼上传来花瓶碎地的声音，以及女生嘤嘤的哭泣声。翌日，再与我相见，他们依旧对我温柔地一笑，好似昨夜的一切都是我虚无的幻觉。

我曾加以祈愿，希望那一切真的只是我的想象。只是此后的每个深夜，楼上依旧传来声嘶力竭的争吵声。直到有一日那男子狠狠地关上门走了，再也没有回来。

曾经沧海难为水，如今各自为路人。只是场离别，还是后会无期？他们彼此相爱，又彼此伤害，日复一日。明明互相深爱的两个人，却因为生活的琐碎小事变得相看两生厌。只有这种感觉才最让人难以释怀，刻骨铭心的记忆，绵长有力的过往，回想一次，都无疑是在伤口上撒盐，越痛越爱，越爱越痛。

再一次见到楼上那个姑娘，她没有像往常一样对我微笑，整个人看上去如同被抽掉了灵魂，身子变得消瘦无比。这世上，最易消磨人的，唯有长情。

后来她搬去了别的地方，我便再也没有见过她。只记得那日下着倾盆大雨，她站在楼下将花一盆盆的往外搬，瘦瘦小小地个子，最后坐在地上哭得像个孩子。临走时，她看了一眼曾经住过的楼层，然后决绝离开。

这是在男子走后的第十个月，她伫立在这里等着他。或许她心存幻想他还会回来，或许她从未有所指望。这一切仿若一个假象，直到她的期待化整为零。

有这么一首好歌，用来形容她的故事。“美丽的泡沫，虽然一刹花火。你所有承诺，虽然都太脆弱。爱本是泡沫，如果能够看破，有什么难过。再美的花朵，盛开过就凋落。再亮眼的星，一闪过就堕落。爱本是泡沫，如果能够看破，有什么难过。”

这歌词，句句都在说着不会难过，却句句带着浓重的化不开的悲情。听歌的人，想必也是历经了千万悲苦，才成了如今这般，能够披着累累伤痕，笑对世界的人。

存活于世，皆是修行。历经欢喜，怜悯，悲凉，苦痛，别离，直至看透生死，体味悲欢离合。待世间风景都看透，才是走完这一生的全部意义。到了那个时候，谁还会记得你曾用尽全身力气去爱过一个人。岁月无痕，雁过无声，唯有思念留在那段时光中，逃不开，也带不走。

多日后，我打开“博客”，见一位读者的留言。她说：“搬了新家之后，之前与男友一同种的花都死了。”我想回复，却推敲不出合适的措辞。隔了两个小时后，她又留言道：“这样也好，一了百了，再也不会对他有任何念想。”

恰逢是熟客，你不诉，我也知道你在那里，有着怎样的故事。

每一个轻言无所谓的人，内心里都注满了痛彻心扉的过往。只是走到最后，早已忘记当初会执迷不悟地选择等待。如果还有剩余，那就算作彼此初见时一刹那的心动吧。

为了那次的心动，宁愿赔笑三万场，只为看得君欢颜。但时过境迁后才明白，原来这世上再惊心动魄的恋情，一旦有了裂缝隔阂，最终都要以离别散场。

空吟人生千般愁，我自醉倚凄清月。离诉之事，不过梦一场。

满心释怀地选择一条微小途径，做自己的英雄，负重远行。

且听风吟

生于南方、长于北方的他，如果不是那次餐厅约会，大抵还不清楚，“白果”原来就是银杏的果实。这好似一场松懈的旅途，在与那些流动、通透的风景进行较量。尽管这看起来稀松平常，却慢慢成为一种不服输的惯性，可到最后，往往乖戾跋扈，难以收场。

常见的朋友有三两个，也会有话不投机的时候。别人想品尝生意火热的酸辣粉条，她却只钟爱南方小城的蒸肉格格。几人唯有一点灵犀相通的地方——不添油不撒盐的白水萝卜。寡淡的汤水饮完，唇齿留着一股清香，酸辣油腻的味道都会消失。连带着萝卜本身的甜意，越发迷人。他亦是在约会后，才开始留意那平凡而枯燥的萝卜。

人分明是一种理性生物，却最易遗失自己拿手的本领。当情商翘着脚趾，化成天鹅俏丽而飞、直升云端时，又会觉得孤枕难眠。往往此时，理智就会借着天梯，平步而升，扶摇直上。不分轩轾，冷眼旁观，让你手足无措，尴尬得要命。

或许，这是大多数人选择的最恰当的生活方式。

他去过一次荷兰。那是一个低洼之国，四季海风徐徐。他在那方土地，见到最多的，就是风车。有的风车扇叶极大，无论用它碾谷物、烟叶或是榨油，都得心应手。当地人颇为珍视它们，有的人甚至会在它的身体里休憩。然而，如果风车也有灵魂，应当也会有独特的信仰。它们以闲适的姿态悉心生活，海风肆意，也不曾有些许感动，始终沉默，尽心尽力地劳作。

还有地锦，也给他留下深刻的印象。它的叶子紧凑，成片的鲜绿往往能让人惊愕。也不知是铆足了劲的热血让它如此，还是另有其他足以拼命的由头。恬静淡泊的人，会养此类盆景，它们的内心与人共具一种力量，确切说，是对精神世界的一种追求。

空中楼阁似的日子，让人总觉不太踏实。许多藏匿话匣的珍宝，早已被小偷光临，寻物启事也无法张贴。你要如何解释，怕是别人都不会如你一样深信不疑。就如同挖了一方陷阱，精细缜密打量，铲子也用过了，稻草枯枝树叶都已铺好，可猎物却始终未来。是你运气太差，或是那猎物觉悟太高了吗？你这样问自己。

接下去的约会，他与她心照不宣，欢快就餐。心中都惦记余味袅袅的白水萝卜。分明又没有什么特别，却让人在酸甜苦辣里恒久牢记。她喝汤时话语不多，瓷白的脸荡漾绵绵红晕。

大抵是爱上了白水萝卜。它只凭天然的甘辛，就能夺人欢喜。它从不顾影自怜，知晓自己本分。安分守己，静谧懂事，从不招摇。

人也应是如此。

念想破空而出，孤飞远行，像从未接受苦难一般。向往欢乐自在，哪怕结局不遂人愿。

心中分明，白水萝卜之所以能出奇于平淡，因为它无论含着甘甜辛辣，都愿意在失意的日子，低吟浅唱。初时的信仰，令心胸得以宽广，回归波澜不惊，悼念、缅怀，感恩陪同。如果没了信仰，你还拥有些什么？

路不长久，且听风吟。

我在困境里，你曾使我宽广。

业已离开

业已，是“已经”的意思。到了一定的年纪才从书里发现这个词，足见知识的贫乏。

专业术语所起的作用，就是将一个简单的名词刻画成一个模糊且深奥的镜像。读到时，有人蹙眉标记，有人侧头冥想。这样的词汇，给了他人一瞬间的触动。

而“业已离开”，却是个既定结果。

他对城市的眷恋，不亚于善感多情的女子。十八岁背井离乡，出省城上大学，对于他来说，是某种耀眼的光荣。

他叫荣光，反过来就是光荣。想来是老一辈的家人希望看到他的出息和光彩。他自小严格要求自己，他走时，父亲在村头向他挥手告别，好说歹说，一番叮嘱，免不了最后的老泪纵横。

对于从山里走出的他来说，眼睛的罩布在灯火绚烂时自动揭开，自然地融入一个新的圈子。荣光仍旧勤奋学习，是老师口中屡屡称赞的榜样，他用奖学金给家人买了手机，省去了家人接电话的麻烦。

几年下来，对于其他人来说大学的自由和乏味，从没在他身上体现，他享受最多的是充实。这时候有一个情况摆在他眼前，最后一年室友因种种理由渐渐搬离了宿舍。当一个人待在屋子时，他会突然觉得孤单，在他眼中，所有人有了自己忙碌的小世界。岁月渐长，心多半被时间沉淀，早已失去了主动问候的精神。回顾旧时大山里的那些好友同学，却发现自己按下了相对陌生的暂停键。有时候他甚至愿意被麻烦、被打扰，以换取联系，被动且欢乐，这是多么的不得已。那一年回到家乡，见到三两个从小到大的朋友，友谊的真挚未曾减退，这是岁月带来的唯一馈赠。

现在，他会没来由地哭泣，在心底埋怨自己。一次炎热的午后，他疲惫不堪地去邮局取包裹。起初，单车还是自由前行。不过半个小时之后，他立刻停止了涣散的思维。阳光刺眼，行人匆匆。他穿过几条街，都没能找到一个墨绿色的建筑。他无奈地返回距离曾经的学校最近的那个邮局，却被工作人员告知，地点错了。他只能原路返回，拐到另外一条路上，从二环到三环的长路根本由不得两个轮子的东西穿行，可当时的他早已无法掉头，他已经不顾一切了。到达邮局后，他递上单子，人像是哑了一样沉默，他的精神全都花费在了路上，此时不愿再费口舌。

两个小时后，他回到家中。想来，和他一同乘电梯到达十一楼的人，估计会多瞟他几眼，不友善的眼神似在说着闲言。他则死死抱着包裹，低着头。

那是父亲寄给他的宁国山核桃，也是他生活里额外得到的一丁点希冀。拿小刀割纸箱的时候，手指被划破一道很深的口子，溢出深红色的血液。荣光用纸包住伤口，阅读父亲附带的信，开始呜咽。他拨打了家里的手机号码，支支吾吾却不知怎么开口。包裹里用旧报纸仔细保护着的，是父亲买给他的生日礼物—— 一只可以揭开盖子的表。

聪明颖异会带来什么？他走过的路化作围城。因为无法企及，所以愈加羡慕，却少了对自我的审视。耐性随时间的增长，变为无奈。走过往的路途，看记忆里的风景，奈何人已不再年轻。

天性善良的蜗牛，拖着躯壳是爬不远的，它的后背压着房子，里面盛着内心的安然，一旦丢失，就趋向死亡。很少有蜗牛，能够走遍天南地北；也很少有人，能够扔下重重的誓言，一去便没了音信。

是时候回去了。他数着时间，以此来警示自己。

二十多年来，荣光觉得走了很久很远。挨过无数个凌晨，目睹无数次日出，看过无数个落寞的雨天，想过无数个没有音讯的人。终于，倒映出孤零零的自己，遍布肌肤和内心的痛让他逐渐失去呼吸。他怕醒来再无法听闻赞扬。梦中身体轻的时候，他仿佛看到上帝，听见上帝说："孩子，为何惩罚自己。"

那是荣光最后一次哭。他彻底抛弃了他的孩童年代，瞬间成长为一个面带含蓄微笑的男人。他走过皑皑白雪覆盖的车轨。正东方，业已发白。

再见，小姑娘

因为她，我误了一班去学校的车。餐厅的人不是太多，恰是这样的清静，令我忽略了时间的流动。

那个女孩有八九岁，素颜姣好，笑容里带腼腆，腼腆里带童真。她有着同龄人没有的一种底气，显得独立而坚强。

高考前的焦虑，感觉自己就像是给人下了蛊。拖延症、选择性恐惧症、轻微强迫症、慢性忧郁症、词汇敏感症，我一跃成为这些词的代言人，让我对自己产生了失望。

高考的前一天，我再次见到她。

她大叫："姐姐快来啊，你看从这么高的天桥望下去，咪哄灯可真美啊。"

我说："这有什么大惊小怪的，小样儿。这不叫咪哄灯，是霓虹灯。"

她突然沉默，仰着头问我："姐姐，你走了还会回来吗？"

我重重点头，心想，当然会回来，我的圣诞树小姐。那天的她，穿了一身绿色的有着渐变层次的连衣裙。

看了最后一场夜景，我就真的毕业了，去了北方的一个城市。直到和那个小女孩分隔两地，直到大学毕业后有了工作。而她，再也不是那个将鲜亮染进青春里的圣诞树小姐了。

在一个静谧的有阳光照进来的午后，我终于知道，颜色的观念和生活的姿态是挂钩的。

这一年，是我参加工作的第二个年头。

北京似乎直接跳过了秋天，冷空气笼罩着这座城市。每每从地铁口出来，都要对着薄手套呵一口哈气。

单调的生活，三点一线，家、车站、公司。这让我想起学生年代，宿舍、教室、图书馆。这样的对比，总会令我的心剧烈浮动。我只要闭上眼，就会看到光圈从斑驳逐渐成为灰暗，那些灰暗，落在心间，是再也找不回的色彩。

当然，这并不是消极。它逐渐巩固成一种心态，受惯性的驱使，就这么定了型。

我再次遇到她，笑着叫她圣诞树小姐，送给她特别的礼物。

“几年没见，成熟了很多啊。”

“是吧，不然呢？”

她这样的反诘，令我讶然，于是也没了后话。我们面对面坐在安静的咖啡厅，一起聊她的学习，才一下子恍悟，当年的天真已然看不见。后来天晚了，我邀她出去看看夜景，她称有事，套上黑色外套，消失在霓虹灿烂、灯火通明的夜里。

后来我从别人口中得知她的遭遇。一夜之间，她的父母双双离世，她失去了所有。这样的现实带给她的，是超出年龄的压迫。对于她来说，被世俗伤害，不再是接受不了的事。听说她沉默着脱去彩色外衣，套上凝重的黑色衣裳时，她只是冷冷地看着别人悲切地痛哭。

我走过一座座天桥，趁着大风，泪水自然地从眼角渗出。我怀念起幼年时纯真的她，不同于如今的磕绊，缥缈，毫无安全。行走在城市的边缘，除了果敢，她和我一样一无所有。

世俗的造就，会让一个地道的理想主义者，变成一个内心通透的实际主义者。

对生活和爱，多了些开阔，它让我活得舒心而自然。偶尔和老同学相聚侃谈，甚至还会文绉绉地递上几句话，诸如“如果把世上每个人的痛苦放在一起，再让你去选择，你可能还是愿意选择自己原来的那一部分”。我想我就是这样，尽管拜别了过去，但我的固执仍在延伸，理想主义的通透性，大概也就是让美好的情愫在现实里扎根。

朋友们会笑我，哪里来的名言？我说是苏格拉底说的。

“我们大家再怎么决绝，也不会彻底失散，尽管我们会奔向各自的幸福。”我说得很大声，他们齐齐看向我，时间就在那一刻凝滞。沉默带给我们的是更多理性的思考，我们越来越安静，到最后我发现最先哭的那一个，是我，还是不出声的那种。

过去的点滴，就这样被放大。犹如一张张幻灯片，从我们所有人的脑海里呼啸而过。

呼啸而过的青春，到头来，色彩被抹去。

再后来，三三两两的人说起未来的打算，留在哪个城市或者去向哪里。

我还是习惯性地反问：“你们有想过未来的样子吗？”

是的，人总是变得太快太快，就像我们聊天时所站的看台，它不朽地矗立在城市的繁华地带；而眼前的我们，已经从一个有着秘密的孩子，长成一个承接明媚的大人了。这也就是通常所说的“物是人非”吧。那一刻，我忽然感觉这座高高的看台，仿佛也有灵魂一般，用爱和宽容包裹、宠溺我们，直到它变得陈旧、腐朽。

这些年，我们无疑在一点点真切地变化着。原来，这是人生中举足轻重的命题。

岁月的苛责，始终是和宿命相关。有这么一刻，我深切思考，我要成为什么样的“我自己”呢？仅是幻想和谁谁有一场令人难忘的邂逅吗？时间走得那么快，当我的衣服从严肃的黑色变为一袭素白，我才终于知道，我的心灵已经渐渐有所沉淀，沉淀世事，沉淀过往，沉淀只有一种色调的简明时光。

而我认识的圣诞树小姐，却再没换过格调。

那是寒冬下的第一场雪。我路过某个广场的时候看到角逐奔跑的男女，大概十几岁的样子。女孩子穿着五彩的衣服跑得飞快，成了大雪纷至时最亮丽的风景。

忽然间，我被某种情绪牵扯，竟看到多年前那个穿得仿佛圣诞树一般的小姑娘。她和我也曾追赶着穿过一条条窄小的胡同，身后是深深浅浅凹陷进雪里的脚印。

这大片被甩在身后的岁月啊，是怎样被怀念的简明时光？
那脚印里藏匿的故事，是否记录了她的成长？
在盛大的节日将要到来的那一天，
你像圣诞树一样散发俏皮的光芒！
只是再见了，小姑娘！
再见了，小姑娘！

十方三世

十方三世，一切诸佛。

身处这座小城，她依随本地的风俗，每每到了除夕夜，便要燃香奉烛。几乎彻夜不熄的灯火，和着清冷微苦的烟，总能让人在漫长的静谧中忆起许多虚悬的人事，内心却保持波澜不惊，她喜欢这般异常平静的故念。那香火兴许延续了百年，或是更久，伴着世人虔诚的喧嚷，归于安详，带着生的渴望。

曾悟过一词，十方三世，却不曾到达参破之境，遑论思轮回，论因果，她只记得：南北西东，前尘后世，人之所做不过四个字——安然接纳。

这人间红尘，纵是千般变化，也是要回归最为简单的阐释。如同行走万里山水的沉重皮囊，即便是舐过溪水，生过篝火，遇过野兽，吻过美人，一旦永久闭眼，也终将是枯灰几点。

她因为太过相信，繁盛不过是生命归零前花哨的戏法，林林总总，该是要安然度己，便一心想着要将所遇的事物简化，做出最为清净的姿态。

无论为她理发的师傅如何兴致勃勃地介绍，她都只愿意留着一袭乌黑长发，她喜爱黑夜，那便是夜的锦尾。一张脸日复一日的素面朝天，在刺眼的日光下显得苍白而孑然。只喜欢素色简单的衣服与饰物，同旁人生疏地交往，亦不用害怕情绪的懈怠，快要活在纯净的深水里。

她读许多晦涩难懂的经书，在离她并不算遥远的某座山脚下，便有座很有名气的古寺。据说是一座香火鼎盛的庙宇，暮鼓晨钟，讲经参法，总是不缺慕名而去的信徒香客。可她却从不曾有过前去参拜的念头，在她记忆里，皈依者口中的佛陀，金身前徐徐燃尽的朱香，黛青色的檐角，脱了朱漆的山门，都该是缥缈而清寒的，在花红柳绿中扎不了根。

人潮太过拥挤，脚步声始终匆匆忙忙，悲苦忧虑接踵而至，反而容易醒人心智。她觉得这般循环往复下去，才是最好，于某日安详地走，如同曾经赤条条地来。

她的桌上曾经放着三张照片，其中有一张便是她出生后睡在襁褓里的样子，那是她所陌生的婴儿时期，却是她想要极力回忆起的空白的温软。因此另外两张照片总是被她刻意忽略，照片里是安然微笑的祖父母和母亲无声的侧脸。她的到来成为母亲生命里的突兀，致命且极端。

何为狂喜，何为悲切，她早已不想去参透，因为悲喜早已宿命般的刻入骨骼。许多年前，一场拂面的春风也能牵扯出几番天长地久，而时光与虔诚最终分道扬镳，直至今日，伤人无数。

她偶尔会想起和祖父母一起坐在庭院里乘凉的景象。祖父拿着蒲扇缓慢地摇着，为祖母驱赶夏日里恼人的蚊蝇；祖母会自顾地忙着手中活计，絮絮叨叨地告诉祖父要少抽烟。他们之间的对话总是单一啰唆的，她却听得极为欢愉。

那是她跟随母亲生活后，再也未曾见过的画面。他们都或多或少流着相同的血液，却注定各有所命，不再牵绊。

她不知自己此后会不会寂寞，然而每当黎明悄然而至时，她便觉得自己又是一个崭新的、自由的个体。时间来去无踪，生灭由不得谁来掌控，唯有随心才能让人觉得解脱。

Happy Ending

我们连夜赶到郊区，要在第二天一早爬到山顶看日出。这是琢磨了好久的事，在我们相识一年后的今天，终于行动起来。夜色迷人，灯火通明的马路因为车辆的减少而显宽阔。远处有车灯照射过来，你在盛夏的夜色里疾驶。突然一个转弯，一种悠然而至的沉静，带领我远离这座城市。

转过头去，车子已经远离灯光闪耀的建筑群，驶向偏僻的山路。漆黑的山林，路灯相隔越发遥远，车灯在空旷的山野闪耀。灰蓝色的天空，悬挂大颗明亮闪烁的星星。车子在蜿蜒的山路上前行，而你，就在我的身边。那必然成为我珍贵的时刻。我推了推你："是不是很美？"

是的。夜更深时，我们停在山脚下的一个村子里。在村口找到招待所，可以在那里留宿。

敲门而进，女主人前来招呼我们。这里的房间不大，有两张单人床，干净整洁，一切就像主人端上来的素朴的茶饭。饥饿的我们，听着女主人讲着自家的生意。

饱餐后，我拽着你来到庭院。正中是个葡萄架，被小灯照得分明。大理石的圆凉台，正合四人玩麻将。虽有蚊虫叮咬，打牌的大学生们玩得很是开心。周围有很多年龄高古的树。柿子，石榴，杏。开着小朵的花，耀眼在灯光中。

房檐下的回廊里，放着几把躺椅，间隙放着茶几。女主人摆上啤酒，还有炒豌豆、煮毛豆和醉花生。这一切看上去很淡然，就像当时你呆呆的面容。我问你怎么不说话，你说："我在想你刚才说的话。"

学生们玩累了，纷纷散去。院子静了下来，我们的酒也喝得正好，我与一对同在走廊乘凉的老夫妇告辞。这对老人，研究佛教，他们的话，令我听得入神。分别时，他们告诉我："你该去拉萨看看，那是每个人一生定要去的地方……"

朝圣。是的，自是会去的。人需要找到一些意念来填补空虚内心里的繁华盛世。不曾真正感受到直接的视觉冲击，不是不想，是找不到可以陪同自己一同前往印证的分享者。与人分享，要有实际效应，否则一切都是空谈。是该有个人陪伴才好，远离一切颠倒妄想，陪我越过无人之境。他会是谁？我看了看身旁睡意正浓的你，安静地躺在椅子上。

"咱们回去吧，"我用平和的语气，唤醒你，说，"永远这样该有多好。"

你则缓缓回应，说你有种渴念，想永远抱着我。于是，我的耳畔不停响起一句话"让我抱抱你"。

我在窗边遥望夜色，也遥望沉沉睡去的你。黑暗中流动着清冷的空气。我走到你的床边，听着你的呼吸，手指划过你的额头……

在山顶，太阳冲出布满灰尘的薄雾，照亮你的脸。听你神清气爽地呐喊，我在一边目视。在日光刚刚照耀过的地点，听着你说："这里就算我们的见证。可以作为一个回忆的地方，每一条长路，都该有它的Happy Ending（幸福终点）……”

靡不有初，鲜克有终。

爱是不断前行的长路。

图书在版编目（CIP）数据

愿你眼中总有光芒，活成自己想要的模样 / 简若晴，菲如薇著 .—北京：北京联合出版公司，2017.3

ISBN 978-7-5502-9866-8

Ⅰ . ①愿… Ⅱ . ①简… ②菲… Ⅲ . ①成功心理—通俗读物 Ⅳ . ① B848.4-49

中国版本图书馆 CIP 数据核字（2017）第 035639 号

愿你眼中总有光芒，活成自己想要的模样

作　　者：简若晴　菲如薇

监　　制：薛　婷

责任编辑：喻　静

策划编辑：暖　暖

文字编辑：史　倩

装帧设计：仙境书品

北京联合出版公司出版

（北京市西城区德外大街 83 号楼 9 层　　100088）

北京嘉业印刷厂印刷

字数 180 千字　　880 毫米 ×1230 毫米　1/32　7.25 印张　插页 1 印张

2017 年 3 月第 1 版　　2017 年 3 月第 1 次印刷

ISBN 978-7-5502-9866-8

定价：32.00 元

本书若有质量问题，请与本公司图书销售中心联系调换。

电话：010-64243832